從一國歷史
預視世界
的動向

極簡

瑞士史

【監修】踊共二
Odori Tomoji

U0546475

楓樹林

前言 **瑞士的瑞士特色**

根據ＮＨＫ最近對日本人「喜歡的國家」之調查，瑞士僅次於美國，排名第二。名次高於法國、德國、英國和義大利。究竟是為什麼呢？

威廉・泰爾（Wilhelm Tell）、起司、巧克力、高級手錶、馬特洪峰、日內瓦湖、雪絨花、登山鐵路。腦中一閃而過時，只要列出瑞士給人的「瑞士特色」，就會明白它受歡迎的理由。當然也不能忘了中立、銀行、紅十字會。

有些人認為全球化使「國境」變得毫無意義。然而，在國境內歷經幾個世紀的歲月所形成的制度及文化，都具有強大的生命力。了解一個國家獨特的成立過程，並與其他國家進行比較，在這個全球化時代更是有其必要性。希望本書能讓各位讀者在學習上有所幫助。

監修　踊共二

歷史冷知識！

瑞士的4大祕密

如果你是第一次接觸瑞士史，現在就為你介紹一些令人意外的事實！

Secret 1

天主教徒和新教圍爐共餐!?

有個傳說是，第一次卡佩爾戰爭時，在格拉魯斯的調解下達成和解後，天主教一方帶來牛奶，新教一方帶來麵包，大家一起用一個大鍋共餐。

→詳情參照 88 頁

Secret 2

有兩位文化人士傳達了阿爾卑斯山的美!

解剖學家和植物學家哈勒（Haller），以及地質學家德索敘爾（de Saussur）的著作，都傳達了阿爾卑斯山的美麗風景，久而久之阿爾卑斯山便成為一個觀光景點，變得越來越受歡迎。

→詳情參照 112 頁

Secret 3

「鐵路之王」與全球銀行的創辦人是同一個人 !?

既是企業家，也是政治家的阿爾弗里特·愛舍（Alfred Escher），是民營鐵路東北鐵路和瑞士信貸集團的管理者，他也對蘇黎世聯邦理工學院的創建貢獻良多。

→詳情參照 145 頁

Secret 4

20 世紀末瑞士全境才准許了婦女選舉權 !?

瑞士即使到了20世紀中葉，很多地方還是沒有准許婦女選舉權，在1971年的公民投票中，才終於實現了婦女在聯邦層級的選舉權。然而，還有一些地區居然到了1991年仍然拒絕婦女參政。

→詳情參照 184 頁

接下來，我們就來探索瑞士史吧！

目錄

chapter 2 強化與擴大同盟國家

日內瓦的大噴泉（Jet d'Eau）

日內瓦湖又稱作萊芒湖，橫跨瑞士和法國。面積約580平方公里。從大噴泉噴出的水柱高度，約為140公尺。已經成為這座城市的象徵。

chapter 3 宗教改革與內部分裂

chapter 4 建立現代國家

雪絨花

一種高山植物，在德語中意指「高貴的白色」。

chapter 6 瑞士的現在與未來

祕密專欄

序章

世界上最獨特的國家

一聽到瑞士，日本人最先想到的，應該就是阿爾卑斯山的大自然。以著名山峰馬特洪峰而為人所知的阿爾卑斯山脈，它的雄偉和美麗一直讓全世界的人們為之著迷。

瑞士的國土面積為四萬一二八五平方公里，大約是北海道面積的一半。這個國家的大部分國土，都是阿爾卑斯山脈。由中西部的伯恩高地山群、西南部的瓦萊山群、東南部的貝爾尼納山群等山脈所組成。阿爾卑斯山脈從法國南部一直延伸到奧地利和斯洛維尼亞，也被稱作「歐洲屋脊」。

這個「屋脊」，成為流經歐洲各地的河川水源。從瓦萊（Valais）的水源流向西南的水流稱作隆河，經由日內瓦和法國的里昂再注入地中海。

流經貝爾尼納山群的水流稱作因河（Inn），會與多瑙河滙合，並流經奧地利、匈牙利、克羅埃西亞、塞爾維亞、羅馬尼亞和保加利亞等地，最後流入黑

瑞士的國土

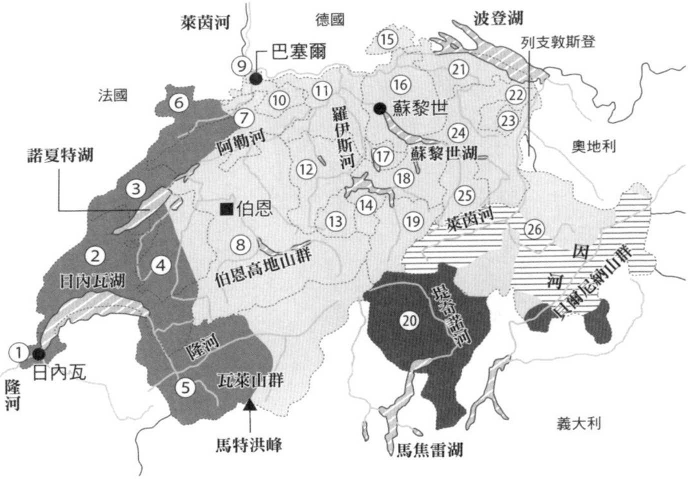

■ 首都　▲高山　● 省會及主要城市　⋯⋯ 省界　德語圈
法語圈　義大利語圈　羅曼什語圈

邦
①日內瓦邦（GE）
②沃邦（VD）
③諾夏特邦（NE）
④弗里堡邦（FR）
⑤瓦萊邦（VS）
⑥侏羅邦（JU）
⑦索洛圖恩邦（SO）
⑧伯恩邦（BE）
⑨巴塞爾城市邦（BS）
⑩巴塞爾鄉村邦（BL）

邦
⑪阿爾高邦（AG）
⑫琉森邦（LU）
⑬上瓦爾登邦（OW）
⑭下瓦爾登邦（NW）
⑮沙夫豪森邦（SH）
⑯蘇黎世邦（ZH）
⑰楚格邦（ZG）
⑱施維茨邦（SZ）
⑲烏里邦（UR）
⑳提契諾邦（TI）

邦
㉑圖爾高邦（TG）
㉒外阿彭策爾邦（AR）
㉓內阿彭策爾邦（AI）
㉔聖加侖邦（SG）
㉕格拉魯斯邦（GL）
㉖格勞賓登邦（GR）

總面積　4萬1285平方公里
總人口　890萬人（2023年，瑞士聯邦統計署）

海。流經瓦萊山群和貝爾尼納山群南方的提契諾河，於阿爾卑斯山的南側流出後匯入波河。然後波河會再向東流經義大利北部，抵達亞得里亞海。

現在，瑞士與德國、法國、義大利、奧地利、列支敦斯登接壤，自古以來就是各地人們往來的地方。尤其是在一二〇〇年左右，當中部的聖哥達山口（St Gotthard's pass）道路修建之後，瑞士的城市隨即成為連接義大利與阿爾卑斯山以北世界的重要據點。

如今的瑞士混雜著各式各樣的語言及文化，使用四種官方語言，不少人都會說好幾種語言。

說德語的人占人口比例約百分之六十二，說法語的人約百分之二十三，說義大利語的人約百分之八，說羅曼什語的人約百分之零點五（根據瑞士聯邦統計署二〇二一年的調查）。

瑞士多山並不適合耕種旱田，自古以來便盛行酪農業。出現在美國動畫《湯姆貓與傑利鼠》中，老鼠傑利最喜歡的帶孔黃色起司，就是瑞士具代表性的埃曼塔起司。
尤其在歐洲各地遭遇糧食短缺的十六世紀以後開始盛產起司，並成為瑞士的重要出口產品。
瑞士的鐘錶產業也十分有名。在手錶方面，擁有著愛彼、江詩丹頓、百達翡麗等高級品牌。
或許也有人會聯想到金融業。瑞士的金融業規模龐大，擁有UBS、瑞士信貸集團等知名企業。
瑞士的銀行會徹底管理顧客資訊，且不會對外洩露機密訊息而因此聞名。世界各國的政治家及富豪們，都在只有富裕階層才能

開設帳戶的私人服務銀行部門擁有帳戶。因此，可能會給人一種匯集非法所得可疑資金的印象。然而近年來，當疑似遭國際金融犯罪所利用時，就會公開顯示帳戶資訊。

瑞士是一個「永久中立國」，也就是說不會與任何國家或聯盟具有軍事合作關係，國家隨時秉持著中立的政策。因此可能會給人一種和平寧靜的國家形象。然而，瑞士擁有非常嚴格的兵役制度，冷戰時期，被人形容成「瑞士沒有軍隊，瑞士本身就是一支軍隊」。

即使也有人因為宗教或倫理道德觀念等理由，拒絕服兵役而選擇替代役，但基本上是「全民皆兵」，男性只要檢查合格後就必須從二十歲至三十四歲斷斷續續地服兵役（訓練）。即使從全世界角度來看，瑞士也是一個在軍事上義務繁重的國家。

就像這樣，在今日的瑞士擁有獨特的地理、語言、產業及國家制度。為什麼會變成這種狀態呢？現在就來回溯一下歷史，了解其中的祕密吧！

chapter 1

瑞士的誕生

史前時代的人們

一般認為，曾經生活在現今瑞士這片土地上最古老的人類，是六萬年前至四萬年前的尼安德塔人。當時，歐洲大部分地區都被冰河覆蓋著。

大約在冰河時期結束的西元前一萬兩千年，現在的人類智人開始生活在瑞士這片土地上。瑞士在冰雪融化後被森林覆蓋，雪融化後形成了湖泊和沼澤。人們在舊石器時代製作特有的打製石斧等工具，用來狩獵野生動物、採集堅果和水果、在河川及池塘裡捕魚。

到了西元前五千年左右，開始使用新石器時代特有的磨製石器農具種植穀物。生活中心變成了農耕，因此人們開始定居在河川沿岸及湖畔，除了飼養山羊、綿羊、豬和牛等動物之外，土器和布料的製作技術也傳播開來。

從西元前二兩千年左右，歐洲開始使用青銅器。在瑞士也可以看到各式各樣的青銅器。例如斧頭、刀子、魚鉤、手鐲等等。除了青銅器之外，也會進行黃金加工，製作項鍊等裝飾品。

凱爾特人來了

大約從西元前八世紀開始，鐵器在瑞士開始傳播開來。一般認為，過去會使用這些鐵器的人，是來自巴爾幹半島地區的凱爾特人祖先。凱爾特人的祖先，會將死者火化後把骨灰放入罐中，埋葬在建於山丘上的墳墓。在這些墳墓中，也有放入鐵製的武器及黃金裝飾品當作陪葬品。

從西元前八世紀至西元前五世紀左右為止，在現在的瑞士這片土地上有「哈爾施塔特文化」蓬勃發展。特徵是會同時使用鐵器和青銅器。這段時期雨水較多，人們為了躲避洪水及淹水而生活在海拔較高的台地上。漸漸地村落變得越來越大，也出現了代表人們施政的人。

大約從西元前五世紀開始，生活在包括現今瑞士西北部高盧地區（以現在的法國、荷比盧三國等為中心的地區）的凱爾特人開始大遷徙。他們將居住地擴大，往西至伊比利亞半島及不列顛群島，往南至義大利半島北部，往東至安那托利亞。一般認為，這次的大遷徙使得人們的文化交融，誕生出「拉坦諾文化」。拉坦諾文化的特徵，是會搭配曲線和漩渦圖案的裝飾。此處表現出凱爾特人的神話世界。

大約在這個時候，凱爾特人形成了氏族（具有相同祖先的血緣群體）的社會。氏族分別住在村落裡，但是關係親密的氏族之間有時也會組成聯盟。好幾個這樣的聯盟聚集在一起後逐漸形成「部落」。

過去定居在瑞士中部的赫爾維蒂人，在金屬加工及陶器製作上一直擁有高超技術。大約在西元前一世紀，羅馬政治家尤利烏斯・凱撒（Iulius Caesar）軍官

在《高盧戰記》（Commentarii de Bello Gallico）這本著作中便寫道，「赫爾維蒂人英勇善戰」。另外他還提到，「在這片土地上有十二座城塞都市與四百個村莊」。而城塞都市過去一直都靠防禦用的城牆嚴密保護著。

赫爾維蒂人的興衰

赫爾維蒂人於西元前一〇七年時，在族長迪維科（Divico）的率領下進犯高盧，於現今的法國南部阿讓近郊擊敗羅馬軍隊。西元前五八年，在族長奧爾吉托利科斯（Orgetorix）率領下，赫爾維蒂人再次入侵高盧。此時，赫

爾維蒂人將故鄉的城市及村莊燒毀，因為他們已經下定決心前往，就此前往高盧，不再返回。

赫爾維蒂人過去生活的土地十分狹小，不僅無法取得充足的糧食應付增加的人口，還一直受到從歐洲北部南下的日耳曼人所壓迫。根據凱撒的說法，當時赫爾維蒂人的人口為二十六萬三千人，當中有九萬兩千人是戰士。這支大軍與凱撒作戰，但是在現今的法國東部勃根地近郊的比布拉克特戰敗。

贏得勝利後的凱撒，讓倖存的赫爾維蒂人回到家鄉，重建燒毀後的城市及村莊。隨後凱撒為了避免日耳曼人以及瑞士東部的拉埃提人（凱爾特人的部落）入侵羅馬領土，便讓赫爾維蒂人負責防禦的工作。為了回報赫爾維蒂人，他們被視為「羅馬人的盟友」，獲得了赫爾維蒂（現在的瑞士西部）的自治權。

羅馬人的統治

羅馬人在西元前四四年左右，來到相當於現今瑞士的這片土地後，隨即建立

羅馬時代的瑞士

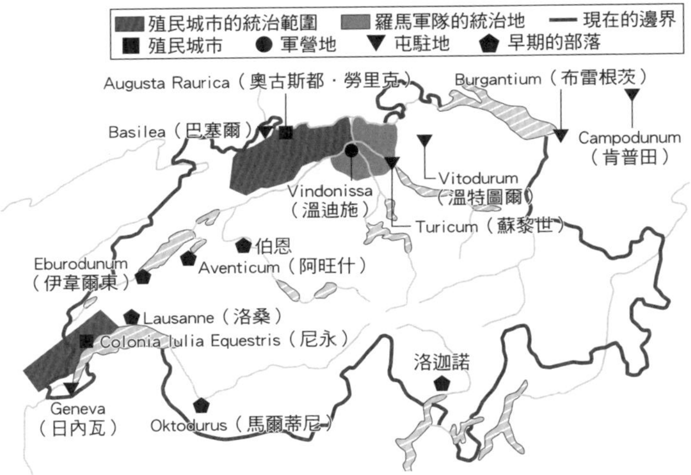

殖民城市。建於現在的尼永，也就是日內瓦湖北岸的Colonia Iulia Equestris（意指「凱撒的騎兵殖民地」）十分著名。住在這裡的人，都是從羅馬軍隊退役的士兵們。

在羅馬帝國第一位皇帝奧古斯都（Augustus）的時代，於萊茵河畔建立了一座名叫奧古斯都・勞里克（Augusta Raurica）的殖民城市。當時羅馬人一直在監視赫爾維蒂人和拉埃提人，以防他們與其他部落合作。

從西元前一六年起，羅馬皇帝

奧古斯都開始往高盧地區遠征，西元前一五年降服了拉埃提人。因此，現在的瑞士全境都被納入了羅馬帝國的領域。

隨著阿爾卑斯山地區的羅馬化後，開闢了一條交通路線，利用從阿爾卑斯山流向歐洲西北部的萊茵河，以及從阿爾卑斯山通過歐洲中部流向巴爾幹半島方面的多瑙河。

還在曾是赫爾維蒂人據點的Aventicum（現在瑞士西部的阿旺什），建設了羅馬的殖民城市。由於它位於利用大聖伯納德山口連接阿爾卑斯山南北兩側的道路上，所以非常繁榮。

在瑞士的羅馬城市裡，建造了神殿、圓形劇場、公會堂、公眾浴場這類羅馬風格的公共設施。雖然大多數居民都是凱爾特人，但是羅馬的生活方式逐漸傳播開來。凱爾特人的領袖被授予羅馬公民身分。這就是賦與他們在羅馬帝國內的各種權利，諸如選舉權、司法管轄權、所有權等等。

宗教也配合羅馬的宗教，凱爾特的神明與羅馬的神明融合在一起。原本凱爾特人的宗教是崇拜森林、大地、火、太陽及月亮等大自然。舉例來說，凱爾特人的雷神Taranis，被視為和羅馬最高主神朱比特同等地位。

帝國的混亂與基督教的傳播

圖密善（Domitian）皇帝在八九年，進行羅馬行省行政區域的重整。從瑞士西部至中部劃分為上日耳曼尼亞行省，瑞士東部劃分為雷蒂亞行省，日內瓦湖的南側劃分為納磅高盧行省。

二一二年，卡拉卡拉（Caracalla）皇帝頒布《安東尼努斯敕令》，授予羅馬帝國境內的異民族羅馬公民身分，包括赫爾維蒂人在內。因此，人們可以自由移動，於是開始移居到城市。

當時的日本

在中國古代好幾本史書中，都記載了彌生時代後期的2世紀下半葉左右，當時日本發生了一場大規模的衝突，被稱為「倭國大亂」。據說這場衝突持續了大約10年之久，最終由邪馬台國的卑彌呼成為女王後結束這起事件。

在現在的瑞士城市Lausanne（洛桑）、Turicum（蘇黎世）等地，也因為來自鄉村的人們使得人口增加。

二六〇年發生了一起事件，瓦勒良（Valerianus）皇帝與薩珊王朝波斯人交戰時落敗而被俘虜。在沒有指名正式繼任者的情況下皇帝缺席，因此在羅馬帝國因為下一任皇帝寶座的問題而引發內亂。

一直在保衛阿爾卑斯山地區邊界的羅馬軍隊，為了加入內亂而撤退。結果，日耳曼人入侵羅馬帝國領土，並且掠奪了城市和村莊。瑞士成為日耳曼人與羅馬交戰的中心地，在各地築起城堡和用來監視的高塔。

自西元三世紀左右，基督教開始在瑞士傳播開來。隨著異民族的入侵導致治安惡化，且人口減少下，人們開始依靠許諾靈魂會在死後得到救贖的基督教。

三世紀下半葉，戴克里先（Diocletian）皇帝的時代，從埃及底比斯派往瓦萊（Valais）地區Agaunum（現在的聖莫里斯）的基督教徒羅馬士兵們，因為拒絕皇帝鎮壓基督教的命令而遭到處決。此時被殺的聖莫里斯（Saint Maurice），現在成為保護聖莫里斯的聖人而備受尊敬。

勃根地人和阿勒曼尼人

隨著日耳曼人的入侵，過去一直十分繁榮的城市開始荒蕪。Colonia Iulia Equestris（尼永）的石造建築遭到破壞，被人用來當作建造Geneva城寨的石材。Lausanne（洛桑）的人們害怕被日耳曼人殺害，而逃離這個地區。

三九五年狄奧多西一世（Theodosius I）去世後，導致羅馬帝國分裂成以羅馬為首都的西羅馬帝國，和以君士坦丁堡為首都的東羅馬帝國。

四世紀末，在族長亞拉里克一世（Alarich

）率領下的西哥德人，從巴爾幹半島逼近義大利半島。因此，一直在防守阿爾卑斯山北側的羅馬軍隊，為了保衛羅馬而回國。隨後在四〇一年，羅馬軍隊完全從瑞士撤退，羅馬帝國的統治就此結束。

後來，日耳曼人部落的勃根地人，逐漸開始遷入瑞士西部。他們原本是一個家鄉在波羅的海波恩荷爾摩島的部落，經過多次遷徙，於四〇六年越過了萊茵河。

四三六年，羅馬軍隊的總司令——埃提烏斯（Aetius），借助亞裔遊牧民族匈奴人的力量，襲擊了勃根地王國，並將它消滅。後來埃提烏斯讓倖存的勃根地人住在薩包迪亞（現在法國中西部的薩瓦地區）。

當時的日本

根據《日本書紀》記載，西元5世紀上半葉是第15代應神天皇在位期間。從朝鮮半島百濟渡海而來的王仁（在《古事記》中為和邇吉師），將在中國大陸創立的儒家思想著作《論語》，與作為書法典範的《千字文》傳入日本，漢字的使用便逐漸傳播開來。

勃根地人宣誓成為「羅馬人的盟友」，並於四四三年在西羅馬帝國的統治下重建勃根地王國。

由於羅馬文化在過去曾是勃根地王國領域的瑞士西部落地生根了，因此勃根地人逐漸習慣了這種文化，開始使用羅馬人的語言拉丁語。在宗教方面，則信仰已經滲透日耳曼人的基督教亞流教派（拒絕將耶穌基督視為上帝的異端教派）。

四七六年，西羅馬帝國被日耳曼人的傭兵隊長奧多亞塞（Odoacer）消滅了。後來在四九三年，東羅馬帝國命令東哥德人的族長狄奧多里克大王（Theodoric）暗殺奧多亞塞。東哥德人趁此機會定居在義大利半島，建立了東哥德王國。

隨著西羅馬帝國的消滅，勃根地王國就此獨立，統治了橫跨現在法國東部與瑞士西部的侏羅地區、瑞士西部的瓦萊地區、沃邦地區、夫里堡地區。

當時在高盧西北部，日耳曼民族之一的法蘭克人正在擴張勢力。法蘭克人是由幾個部落集結起來所組成，包括撒利法蘭克人和布魯克特里人等等。法蘭克人還將居住地擴大至萊茵河北部，後來墨洛溫家族的克洛維一世（Clovis Ier）於四八一年成立了法蘭克王國。

隨後，克洛維一世在四九六年，攻擊德國西南部和瑞士東北部的阿勒曼尼人。此時倖存下來的阿勒曼尼人，被允許在法蘭克王國統治下創建阿勒曼尼公國。其影響力，甚至擴及到瑞士中部。

此外，許多的阿勒曼尼人無法接受基督教，即使在阿勒曼尼公國成立後還是維持著自古以來的宗教。

法蘭克王國的統治

西吉斯蒙德（Sigismund）於五一六年成為勃根地的國王，並將國教從亞流教派改為天主教。天主教是以羅馬教宗為核心，也是重視傳統的基督教最大的勢力。成為虔誠天主教徒的西吉斯蒙德，試圖整頓教會並推廣天主教的教義。在他的推動下，於聖莫里斯去世的地方設立了聖莫里斯修道院。

日耳曼各部落的定居點

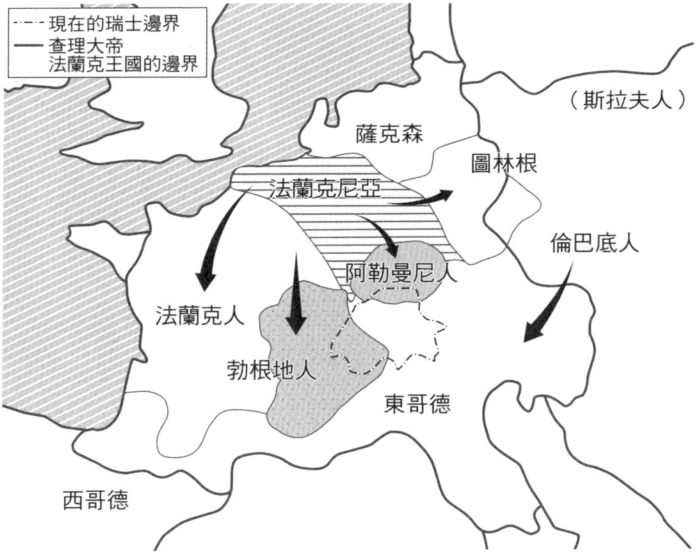

另一方面，在法蘭克王國當克洛維一世死後，由克洛泰爾一世（Chlotarius I）成為國王並將領土擴大，後來在五三四年併吞了勃根地王國。

東羅馬帝國皇帝查士丁尼一世（Ivstinianvs）於五三五年時，為了征服因族長狄奧多里克大王去世而衰退的東哥德王國，於是派遣軍隊前往義大利半島。歷經長達二十年的戰爭，最後於五五三年將東哥德王國消滅。

在法蘭克王國，當克洛泰爾一世於五六一年去世時，遵從法蘭克人的傳統，王國被分割後由幾個兒子繼承。

後來，他們的領土被重組為奧斯特拉西亞王國、勃根地王國、紐斯特里亞王國。瑞士西部併入勃根地王國，包含阿勒曼尼公國在內的瑞士東部則納入奧斯特拉西亞王國。

義大利半島統一後，當皇帝查士丁尼一世一去世，東羅馬帝國便逐漸衰落了。見此機會，阿爾博因（Alboin）國王便率領倫巴底人入侵義大利半島。隨後在五六八年，以帕維亞為首都，建立了倫巴底王國。

六世紀中葉，阿勒曼尼公國的人們依舊信仰著

當時的日本

在6世紀的日本，與朝鮮半島和中國大陸的文化交流取得進展，佛教於6世紀中葉傳入。服侍大和政權（日本皇室）且具有影響力的豪族蘇我氏積極推廣佛教，但是物部氏卻反對這麼做而爆發激烈的政治衝突，最終是物部氏被人消滅。

自古以來的宗教。為了讓他們改信天主教，一群修道士於五九〇年從愛爾蘭出發。他們在六世紀末於勃根地這片土地上傳教，並於七世紀初在阿勒曼尼公國各地活動。

隨後，這群修道士前往義大利北部，但是其中一名成員聖加爾（Saint Gall）生病了，因此他們留在了瑞士東北部波登湖畔的阿爾邦。後來，他們在這裡設立了聖加侖修道院。

卡洛林王朝的征服

在奧斯特拉西亞王國，從七世紀上半葉開始都是由擔任墨洛溫王朝宮相（宮廷中最有權勢的官職）的卡洛林家族掌握著權力。此時阿勒曼尼公爵屢屢反抗卡洛林家族，目標是擺脫法蘭克人的統治而獨立。

墨洛溫家族的紐斯特里亞國王克洛泰爾二世（Chlothar II）與奧斯特拉西亞王國和勃根地王國交戰，於六一三年再次統一了法蘭克王國。協助這次統一的宮相卡洛林家族，獲得了更強大的權力。

七三二年，卡洛林家族的查理・馬特（Karl Martell）在圖爾戰役中擊敗了伊斯蘭勢力。發揮所長拯救王國的卡洛林家族提升了名氣，並開始取代國王負責政治。七四六年查理・馬特的兒子卡洛曼（Carloman）鎮壓阿勒曼尼公爵的叛亂，使之服從。

卡洛曼的弟弟矮子丕平（Pépin le Bref），於七五一年得到羅馬教宗的支持，終於廢除了墨洛溫王朝，並開啟卡洛林王朝。

矮子丕平的兒子查理大帝（Carolus Magnus，查理曼）於七六八年即位，征服義大利半島的倫巴底王國，並擴大了法蘭克王國的領土。因此，雷蒂亞（拉埃提人曾居住過的瑞士東部）的山口道路落入法蘭克王國的控制之下，阿爾卑斯山脈與義大利北部的交通變得十分活躍。

查理大帝多次遠征，並於七九〇年代往西征服布列塔尼半島，往東征服了喀爾巴阡盆地（匈牙利大平原）。八〇〇年，查理大帝取得羅馬皇帝的地位。加冕典禮由反對東羅馬帝國的羅馬教宗良三世（Sanctus Leo PP. III）主持。

王國分裂與瑞士

查理大帝在八一四年去世後，法蘭克王國由他第三個兒子路易一世（Louis Ier）繼任。但是路易一世於八四〇年去世，後來他的幾個兒子因為領土的問題而爭持不下。

最終法蘭克王國根據八四三年的《凡爾登條約》，分裂成中法蘭克王國、東法蘭克王國、西法蘭克王國這三個國家。

八五五年，中法蘭克國王洛泰爾一世（Lothar）死後，再次發生衝突。因此於八七〇年簽訂《梅爾森條約》，東法蘭克國王路德維希二世（Ludwig II）和西法蘭克國王查理二世（Charles II le Chauve）瓜分了中法蘭克王國的一部分，各自吞併。

洛泰爾一世的兒子路易二世（Louis II），得到允許將剩餘的部分視為義大利王國加以統治。於是，形成了今日的德國（東法蘭克王國）、法國（西法蘭克王國）、義大利的原型。

後來瑞士誕生的地方，隸屬於東法蘭克王國。東法蘭克國王路德維希二世，向聖加侖修道院等捐獻土地，以防當地的貴族取得土地後擁有權力。在政治重心的北部蘇黎世，則建設了蘇黎世聖母大教堂。

九一一年，當東法蘭克王國的卡洛林家族滅亡後，當地許多貴族隨即意圖獨立。為了防止王國分裂，在實力雄厚的貴族主導下舉行國王選舉，讓法蘭克尼亞公爵康拉德一世（Konrad）登上王位。

大約在這個時候，在阿勒曼尼公國這片土地上，由當地貴族取得權力，建立了施瓦本公國。當時的東法蘭克國王奧托王朝的亨利一世（Heinrich I），雖然在九一九年讓施瓦本公爵臣服了，但是允許公國的存在。

即使在瑞士西部，當地貴族也正在崛起。九世紀下半葉維爾芬分支獨立，以現在的瑞士西部為中心，建立了上勃根地王國。

同一時期，維埃納伯爵家族也獨立了，並以現在的法國東南部為中心，成立下勃根地王國。

十世紀初時，一直定居在喀爾巴阡盆地的馬扎爾人（匈牙利人），襲擊了西歐各地。瑞士的巴塞爾於九一七年遭到破壞，聖加侖修道院和萊瑙修道院也被人

法蘭克王國的分裂

《凡爾登條約》（843 年）

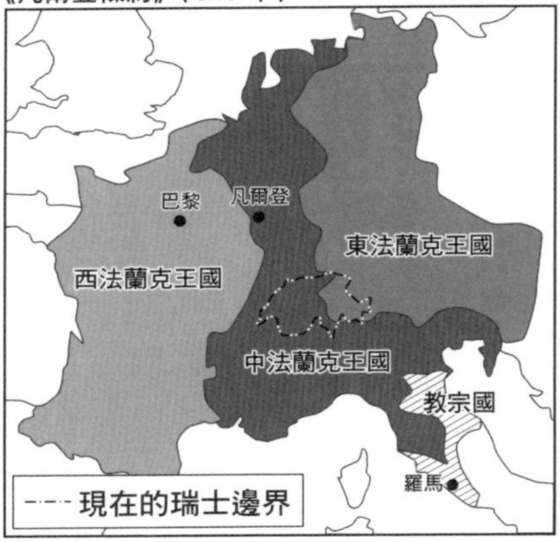

《梅爾森條約》（870 年）

縱火。

九三三年，上勃根地王國魯道夫二世（Rudolf II）併吞下勃根地王國，成立勃根地王國。為了與六世紀滅亡的勃根地王國作區別，後來因其首都亞爾而被稱為阿爾勒王國。

此後，勃根地王國受到來自南方的伊斯蘭教徒襲擊。伊斯蘭教徒甚至入侵到瑞士西部，並於九四〇年攻擊了聖莫里斯修道院。

神聖羅馬帝國

亨利一世於九三六年去世後，由他的兒子鄂圖一世（Otto I，鄂圖大帝）成為東法蘭克國王。後來他積極攻擊勃根地王國和義大利王國。

當時的日本

平安時代中期，從首都被派遣而來的平氏和源氏，他們的子孫定居於關東，成為早期的武士。平將門以現在的茨城縣和千葉縣為地盤，自稱「新皇」後試圖脫離朝廷而獨立，但是被平貞盛、藤原秀鄉等人於940年討伐。

九五〇年義大利國王洛泰爾二世（Lotario II）去世後，伊夫雷亞邊境伯爵貝倫加爾二世（Berengario II）自行稱作義大利國王，引發一起囚禁洛泰爾二世的王后阿德萊德（Adelheid）的事件。

鄂圖一世在九五一年遠征義大利，並解放了阿德萊德。後來他自己將阿德萊德納為王后，並成為義大利國王。

鄂圖一世於九五五年，在第二次萊希菲爾德之戰中擊敗馬札爾人，將他們趕回喀爾巴阡盆地後確保了西歐

的安全，因此聲名大噪。

在義大利半島，伊夫雷亞邊境侯爵貝倫加里奧二世（Berengario II）正在攻擊教宗若望十二世（Ioannes XII）。鄂圖一世於九六二年，為了援助教宗若望十二世而再次遠征義大利，並進到了羅馬。教宗若望十二世對此表示感謝，加冕鄂圖一世為羅馬皇帝。於是鄂圖一世成為皇帝，神聖羅馬帝國就此成立。

勃根地王國受到鄂圖一世的干預，向神聖羅馬帝國臣服。雖然保持了獨立，但是國內具影響力的貴族多次叛亂，政局並不穩定。

一〇三二年國王魯道夫三世（Rudolf III）去世，王室滅亡。後來在一〇三三年，薩利安家族的皇帝康拉德二世（Konrad II）同時成為勃根地國王，現今的瑞士全境便被神聖羅馬帝國統治了。

敘任權鬥爭和哲林根家族的崛起

天主教會一直是一個位階嚴謹的組織，包含最高層的羅馬教宗到村莊教會的

11世紀的瑞士周邊

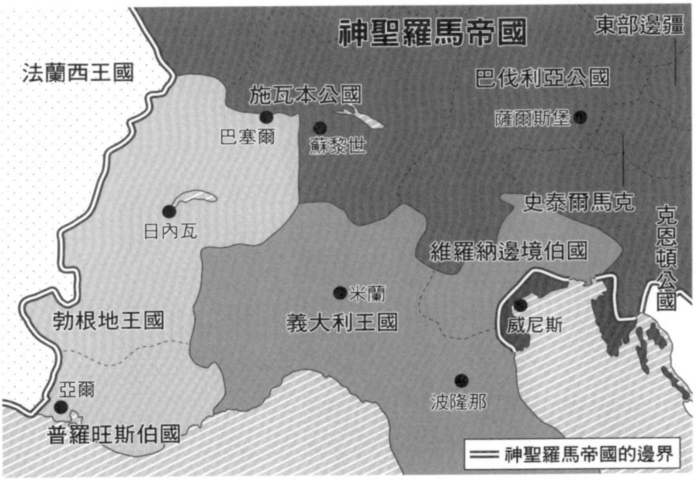

神職人員。然而，在中世紀的歐洲，任命主教、修道院院長等高等位階神職人員的權利（敘任權）並不屬於教會，而是屬於皇帝或國王等擁有權力的人。

除此之外，教會中一直充斥著不當行為，例如只要給錢就能成為神職人員等等。而教宗額我略七世（Gregorius VII）認為這是一大問題，便於一〇七五年禁止由非神職人員任命主教和修道院院長。敘任權在掌控領土內的教會和信徒時至關重要。雖然德意志國王亨利四世

（Heinrich IV）尚未被羅馬教宗正式加冕為神聖羅馬帝國皇帝，但是他強烈反對教宗額我略七世的改革，導致皇帝與教宗發生激烈衝突（敘任權鬥爭）。兩者的衝突愈演愈烈，後來教宗額我略七世在一〇七六年，宣布將亨利四世逐出教會。

當亨利四世被逐出教會時，一直反對由德意志國王統治的諸侯，選出了萊茵費爾登家族的施瓦本公爵魯道夫（Liudolf）作為對手國王。

一〇七七年，亨利四世造訪卡諾莎城堡，在雪地中赤腳向額我略七世請求寬恕。額我略七世原諒了亨利四世，並撤銷逐出教會的處罰。這起事件被稱為「卡諾莎之行」。

在此之後，亨利四世一返回德國，隨即奪取了對手國王魯道夫的施瓦本公爵頭銜。反過來，將這個地位授予德國南部支持國王的貴族霍亨斯陶芬（斯陶芬）家族。

魯道夫在一〇八〇年的埃爾斯特之戰中身負重傷而身亡，十年後萊茵費爾登家族滅亡。萊茵費爾登家族的土地，成為德國西南部貴族哲林根家族所有。哲林根家族得到皇帝允許自稱為施瓦本公爵，還統治了瑞士西部。

哈布斯堡家族的勢力擴大

哲林根家族在德國西南部和瑞士各地建設城市。在瑞士的城市包括夫里堡（Freiburg）、穆爾滕（Murten）、布格多夫、伯恩、圖恩等等。哲林根家族在一一七三年，被任命為治理蘇黎世和烏里的帝國代官，甚至入侵到瑞士東部。

一二〇〇年左右，聖哥達山口（St Gotthard's pass）道路開通，並且開闢了從瑞士中部通到義大利的路線。這是連接德國和義大利之間最短的路線，因此沿線的村莊和城市逐漸蓬勃發展。

一二一八年，哲林根家族的家主貝托爾德五世（Berthold V）去世時並沒有留下繼承人，後來香火便斷絕了。由哲林根家族控制的部分土地歸還給皇帝，蘇黎世、伯恩、索洛圖恩成為直接為皇帝服務的「帝國自由城市」，得到了一定程

聖哥達山口道路開通後的貿易路線

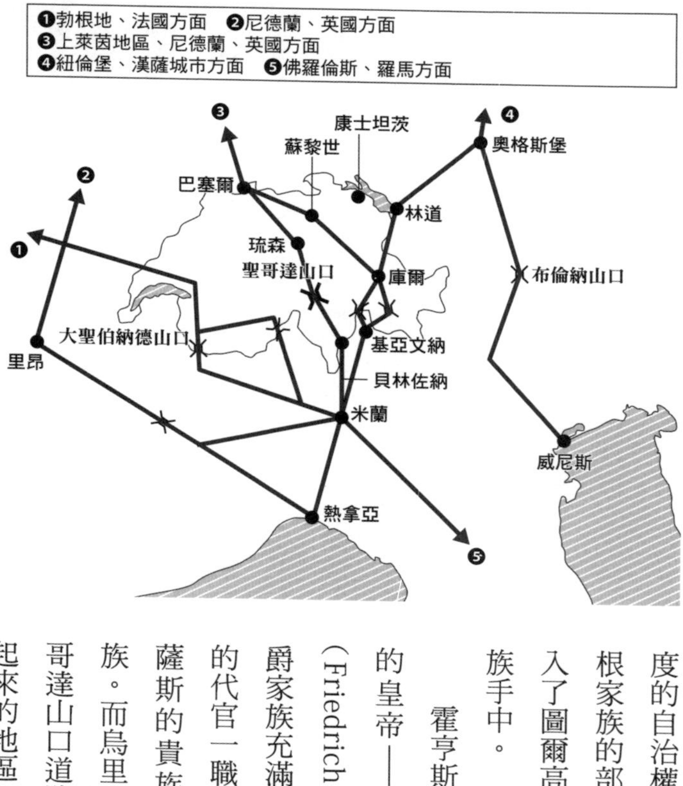

度的自治權。此外，哲林根家族的部分領地，則落入了圖爾高的基堡伯爵家族手中。

　霍亨斯陶芬家族出身的皇帝——腓特烈二世（Friedrich II）對基堡伯爵家族充滿警戒，將烏里的代官一職交給來自阿爾薩斯的貴族哈布斯堡家族。而烏里是一個因為聖哥達山口道路開通而發展起來的地區。

在神聖羅馬帝國，腓特烈二世的兒子康拉德四世（Konrad IV）於一二五四年去世時並沒有留下繼承人。然而，在選出下一任的德意志國王和神聖羅馬皇帝時遇到困難，國王和皇帝缺席的「大空位時代」就此展開。

一二六四年基堡伯爵家族絕嗣，家族許多領地全歸哈布斯堡家族所有。於是哈布斯堡家族，便得到了從阿爾薩斯到瑞士中部的廣闊領地。

當時，普熱米斯爾家族的波希米亞國王奧托卡二世（Otakar II），和卡佩家族的法國國王腓力三世（Philippe III），都志在登上德國王位和皇帝寶座。然而諸侯們不喜歡強大的國王，後來在一二七三年選出了一直被人覺得軟弱的哈布斯堡家

當時的日本

在與日本接壤的中國大陸，由蒙古人成立了元朝（蒙元），並於1274年（文永之役）和1281年（弘安之戰）時入侵日本，但是以失敗告終。雖然當時的鎌倉幕府並沒有與元朝建立正式的邦交，但是民間商人和僧侶卻和元朝的人民頻繁交流。

族的魯道夫一世（Rudolf I）。這是由擁有選舉權選出德意志國王的「選帝侯」所提出的結論。

一二七八年，魯道夫一世與奧托卡二世交戰後獲勝，並得到了奧地利方面的領地。後來，哈布斯堡家族將根據地從位在瑞士阿爾高的哈布斯堡城堡，遷移至維也納的霍夫堡。

哈布斯堡家族的主支離開瑞士後，由哈布斯堡—勞芬堡家族以瑞士中部為中心擴大了控制範圍。

自治特許狀

位於聖哥達山口道路溪谷地的烏里，從前就是在哈布斯堡家族的控制之下，由其代官統治。烏里的人民為了逃離哈布斯堡家族的徵稅、徵兵及審判等，於是籌集資金試圖得到他們自己的自由和自治。

當時霍亨斯陶芬家族的德意志國王亨利七世（Heinrich VII）正在尋求新的

貿易路線，後來在一二三一年授予烏里「自治特許狀」。因此，烏里獲得了「帝國直屬」的地位，擁有不受皇帝和國王以外任何貴族控制的權利。具體來說，除了帝國稅的徵收、帝國徵兵和重罪犯的審判之外，都允許自治。

與烏里一樣曾是哈布斯堡家族領地的施維茨，也在霍亨斯陶芬家族的皇帝腓特烈二世於義大利作戰時提供援軍而得到表揚，於一二四〇年獲自治特許狀。翁特瓦爾登（上、下瓦爾登）也尋求自治特許狀，試圖擺脫哈布斯堡家族統治，但在當地貴族和修道院控制權影響下，直到一三〇九年仍未實現。

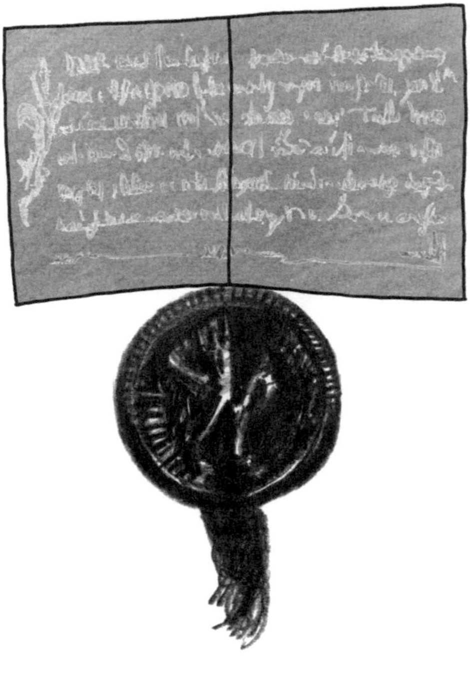

祕密專欄

瑞士的世界遺產

令人驚倒的大自然與腳踏實地的人為活動

瑞士在二〇二三年時共有十三處世界遺產。不管怎麼說，瑞士的特色就是它的自然遺產。例如瑞士阿爾卑斯山少女峰的阿萊奇冰川，據說是歐洲最長的冰河，其源頭的海拔為三八〇〇公尺。自十九世紀以來一直深受世界各地的登山客和滑雪者所喜愛。然而近年來在全球暖化的影響下，冰河變得越來越小了。另一個自然遺產是聖喬治山，橫跨義大利邊境，海拔一〇九六公尺。這裡在兩億五千萬年前曾經位於海中。因此在海底的石灰質泥土中，保存著魚類、菊石、恐龍祖先這些大型爬蟲類的化石，目前已經挖掘出一萬多件以上。

瑞士南部有一處集自然與文明、備受好評的世界遺產——雷蒂亞鐵路阿爾布拉線、貝爾尼納線及周邊景觀。在這裡將十九世紀末開始發展起來的先進鐵路技術，

哥德式大教堂

朗德瓦薩橋

融入山區自然環境。共有一九六座橋樑和五十五條隧道。尤其是建於一百多年前的石造朗德瓦薩橋（高六十五公尺，長一四二公尺）更是壯觀的景點。

還有一個可以追溯到中世紀的小城市，也被列入世界遺產。特別是伯恩老城，以建於一二一八年的鐘樓、從一四二一年開始歷時四〇〇多年才完工的哥德式大教堂、街道兩旁的石造拱廊等都十分著名。

此外，瑞士也擁有許多非物質文化遺產，諸如鄉村地區的牛隻放牧期（Alpesaison）傳統活動，以及主要在城市地區的機械錶技師的技能等都有被列入。

耐人尋味的瑞士偉人❶

建設伯恩市的公爵

貝托爾德五世（哲林根公爵）

Berthold V

（1160～1218年）

被捕獲的熊成為城市的象徵

哲林根公爵家族，是來自德國西南部施瓦本地區具有影響力的貴族。出生在這個家族的貝托爾德五世，將勢力擴張至現在的瑞士西北部，於1191年建設了伯恩市。

據說伯恩這個名字來自於一隻熊，牠是貝托爾德五世在附近森林打獵時，第一隻遇到的動物（瑞士的德語寫作Bär）。還有一種說法是，源自古老凱爾特語中的「深淵」（Berna），後來熊被用作伯恩的市徽，受到市民的喜愛。在哲林根家族城堡的遺跡上便有一座貝托爾德五世馴服熊的銅像。附近的熊公園，在明治時期訪問歐美各國的日本岩倉使節團也曾經參觀過。貝托爾德五世去世後由於沒有繼任者，哲林根家族就此絕嗣，且伯恩成為隸屬於神聖羅馬帝國的帝國自由城市。

chapter 2

強化與擴大同盟國家

永久同盟

來自哈布斯堡家族的第一位皇帝魯道夫一世，於一二九一年七月去世。結果，神聖羅馬帝國各地爆發針對哈布斯堡家族的叛亂。又稱「創始三邦」的烏里、施維茨、翁特瓦爾登的幾名代表，於一二九一年夏天結成「永久同盟」。嚴格來說，是翁特瓦爾登當中的下瓦爾登先組成同盟，上瓦爾登後來才加入。這個同盟據說是瑞士國家的起源，自十九世紀末開始，八月一日就被視為瑞士的建國日。

永久同盟強制要求，當共同體的其中一員受到外來者攻擊時，身為同盟成員的「盟友」須自

「永久同盟」時的創始三邦

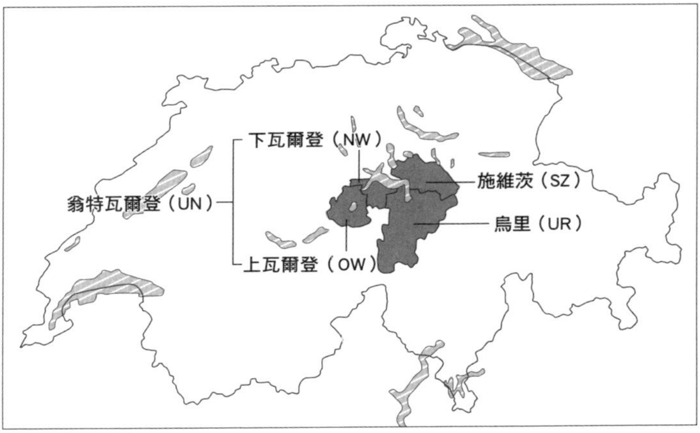

費提供援助。此外，還規定當盟友彼此之間發生衝突時，只能遵循內部法官的判決。這是為了防止哈布斯堡家族等貴族，介入盟友內部的衝突。不過永久同盟的目的並不是驅逐所有的貴族，而是得到許多自古以來便存在共同體內部的貴族支持。

話說回來，身為創始三邦戰爭最前線的人物，最廣為人知的就是威廉・泰爾（Wilhelm Tell）。泰爾是一位傳說中的英雄，據說事實上並不存在，但是至今仍受到許多瑞士人民所喜愛。他是在日本明治時代的自由民權運動期間經人口耳相傳，後來成為民主主義的典範，讓大家對瑞士愈來愈感興趣。

莫加滕之戰

魯道夫一世去世後，他的兒子阿爾布雷希特一世（Albrecht I）無法繼任德意志國王，於一二九二年經由選舉選出拿騷伯爵阿道夫（Adolf von Nassau）為德意志國王。他與創始三邦合作，並授予烏里和施維茨自由與自治。隨後，在一二九八年由哈布斯堡家族的阿爾布雷希特一世成功反撲，被選為德意志國王。

阿爾布雷希特一世加強領地的控制，但是他因為繼承土地分配的問題，和他的侄子約翰（John）發生了衝突。後來在一三〇八年，阿爾布雷希特一世在前往鎮壓瑞士爆發的叛亂途中，被約翰和他的同伴殺害。

阿爾布雷希特一世有幾個兒子，但是幾名選帝侯擔心哈布斯堡家族的勢力擴張，後來選出盧森堡家族的亨利七世（Heinrich VII）成為德意志國王。亨利七世為了將哈布斯堡家族的勢力從聖哥達山口一帶驅除，於一三〇九年授予翁特瓦爾登「自治特許狀」。於是創始三邦，便擺脫了哈布斯保家族使自由得到保障。

亨利七世於一三一三年去世後，舉行國王選舉，巴伐利亞公爵路易四世（Ludwig IV der Bayern）與哈布斯堡家族的腓特烈三世（Friedrich der Schöne，美男子腓特烈）相持不下。創始三邦支持路易四世，因此與哈布斯堡家族的關係惡化。

一三一五年秋天，腓特烈的弟弟利奥波德一世（Leopold I）率領的騎士團開始攻擊創始三邦。正當他們在瑞士的莫加勝山中行進途中，烏里和施維茨的農民兵發動突擊。騎士們被農民兵投擲的石頭、斧頭、長

矛突然襲擊而陷入一片混亂，當中有許多人跌落山坡下的湖中。這場戰爭以哈布斯堡一方慘敗而告終（莫加滕之戰）。

由於琉森市的居民也站在隸屬於哈布斯堡家族的立場，因此被動員起來與創始三邦作戰。然而，由於琉森的居民無法與烏里進行商業交易而遭受經濟上的損失，所以對哈布斯堡家族的反抗心便逐漸增強了。

擴大同盟

創始三邦於一三一五年十二月，更新永久同盟協定。此時追加了一項規定，各邦不得擅自接受新的領主或簽署協定。因此創始三邦便建立起共同的外交和立法體制。

一三三二年，曾在哈布斯堡家族統治下的琉森市加入了同盟。琉森市的人民一直向哈布斯堡家族要求擴大自治權，所以他們才會接近創始三邦，並結成同盟。創始三邦在琉森加入後形成的四個邦國，有時也稱作「四森林邦」。在結成同盟時的文件中，雖然承認哈布斯堡家族所擁有的權利，但是承諾同盟內部會相互援助，並禁止在同盟內部未達成協議的情況下結成新的同盟。

另一方面，在哲林根家族絕嗣後的一二一八年，成為帝國自由城市的蘇黎世在自治上有所進展，市內的紡織業和連接阿爾卑斯山南北的中繼貿易帶來了繁榮。然而，蘇黎世的政治一直被遵從哈布斯堡家族的大商人及貴族所控制，因此中小型商人和手工業者感到不滿。一三三六年公民發起同業公會（職業工會）革命，創建了一個制度，將小商人團體的代表送進了市議會。

蘇黎世擔心當時的奧地利公爵阿爾布雷希特二世（Albrecht II）發動攻擊，於是靠向四森林邦並

當時的日本

後醍醐天皇因為皇位繼承的問題與鎌倉幕府成為敵人，並在楠木正成、足利高氏（尊氏）、新田義貞等人的協助下，於1333年推翻幕府後，親自主導政治展開了「建武新政」。然而，由於尊氏的叛離而出現戰亂，不久後便迎來了南北朝時代。

於一三五一年五月結成「蘇黎世同盟」。這個同盟允許四森林邦和蘇黎世自由地結成其他同盟，所以表示其他城市也可以從與四森林邦組成軍事同盟中受益。無論如何，瑞士的同盟組織，將在所謂的鄉村邦與城市邦中取得平衡下鞏固基礎。

邁向八邦同盟的時代

將四森林邦視為夥伴的蘇黎世，向哈布斯堡領地發動攻擊，促使在哈布斯堡家族控制下的格拉魯斯和楚格加入同盟。格拉魯斯在自治上取得進展，要求自由的氣勢與日俱增。一三五二年六月上旬，創始三邦與蘇黎世締結了「格拉魯斯同盟」，這是在要求格拉魯斯必須承擔沉重的軍事負擔。不過，在哈布斯保家族仍留有影響力的琉森，後來並沒有直接加入格拉魯斯同盟。

此外，蘇黎世也對哈布斯堡家族位於蘇黎世和四森林邦正中央的楚格這個據點發動攻擊，一三五二年六月下旬，和渴望解放的勢力組成「楚格同盟」。而結成同盟的條件，幾乎與蘇黎世同盟一致。

邦聯的8個邦國

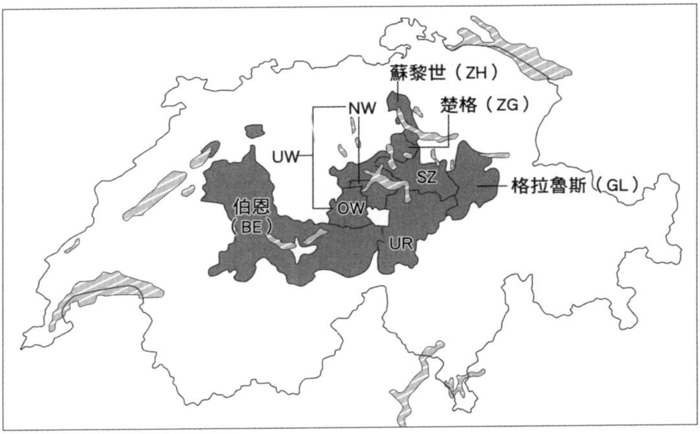

一三五三年三月，伯恩與創始三邦締結同盟。伯恩在哲林根家族覆滅後的一二一八年成為帝國自由城市，將周邊的封建領主和哈布斯堡領地的貴族視為對手發動戰爭，擴大了控制領域。

與伯恩的同盟包含在各個領域上的相互援助，還有共同會議和仲裁審判的相關協議。然而，這些並非強制性的。此外，蘇黎世和琉森只有在同盟合約書附件中的附錄上簽字署名。而且，格拉魯斯和楚格並沒有參與該同盟。所以同盟的組成方式相當模稜兩可。

隨著伯恩的加入，同盟也擴張至瑞

士西部，「八邦同盟」的時代就此展開。在此刻加上格拉魯斯後共有四個鄉村邦，包含蘇黎世和伯恩在內共有三個城市邦。楚格則是一個由城市和鄉村地區（Amt）各自進行自治的複合邦。此外，這八個邦國開始將他們自己的同盟組織稱作「邦聯」。

教士文件和森帕赫文件

瑞士的八個邦國經常對哈布斯堡家族保持警戒，但是蘇黎世和伯恩卻戰略性地與奧地利結成同盟，採取合作路線。然而，當哈布斯堡家族的勢力顯現出的動向，是想要收復在瑞士喪失的土地時，除了伯恩和格拉魯斯以外的六個邦國於一三七〇年簽署《教士文件》作為應對措施。

在這份文件中，約定居住在邦聯領域內的奧地利臣民也必須宣誓效忠邦聯，而且當神職人員遭控訴時，並不會像過去那樣交由教會的法庭處理，而是要服從邦聯內部的審判。邦聯透過這種方式，建立了一個讓外部勢力難以採取敵對行動的體制。

當魯道夫四世（Rudolf IV）的弟弟利奧波德三世（Léopold III）積極嘗試入侵瑞士時，奧地利與邦聯演變成軍事上的衝突。

一三八六年七月，琉森和創始三邦的軍隊，與從施瓦本和阿爾薩斯入侵的四千名哈布斯堡騎士團，在琉森西北方的森帕赫交戰。在這場森帕赫戰役中，邦聯打敗了哈布斯堡騎士團。後來利奧波德三世戰死沙場。

話說回來，在當時德國所編寫的年代記等書中，邦聯的土地多數是以「施維茨」這個名字作代表，據說這就是「瑞士」這個國名的由來。

此後，格拉魯斯的周邊地區成為與哈布斯堡家

當時的日本

能劇演員觀阿彌與他的兒子世阿彌，於1374年在京都的今熊野神社演出能劇，受到室町幕府第3代將軍足利義滿的高度評價。世阿彌以和歌詩人紀貫之為題材創作了《蟻通》、以平家亡靈為題材創作了《敦盛》等許多劇本，使能劇蓬勃發展。

族爭奪領土的舞台，但是最終由格拉魯斯軍隊在一三八八年擊退哈布斯堡的騎士團（奈費爾斯之戰）。

隔年，哈布斯堡家族與瑞士各邦簽署了停戰協定。在這項協定中，哈布斯堡家族不僅放棄了對格拉魯斯的舊有特權，還放棄了對琉森和楚格的舊有特權。

一三九三年七月，八個邦國簽署了全員加入的《森帕赫文件》。這份文件制定了戰爭的共同規則，例如禁止私下掠奪和暴力行為等等，強化了邦聯的連結。除了八個邦國之外，伯恩的同盟城市索洛圖恩也參與了這份文件。

邦聯的「從屬邦」與「共同統治地」

瑞士各邦對抗哈布斯堡家族的勝利，帶給那些想要擺脫封建領主的控制尋求自由的人們很大影響。邦聯透過向周邊地區的支援，逐漸擴大影響力。其中一例就是瑞士東部的前萊茵河、後萊茵河、因河的山谷地區，也就是格勞賓登（羅馬時代的雷蒂亞）。

三個同盟

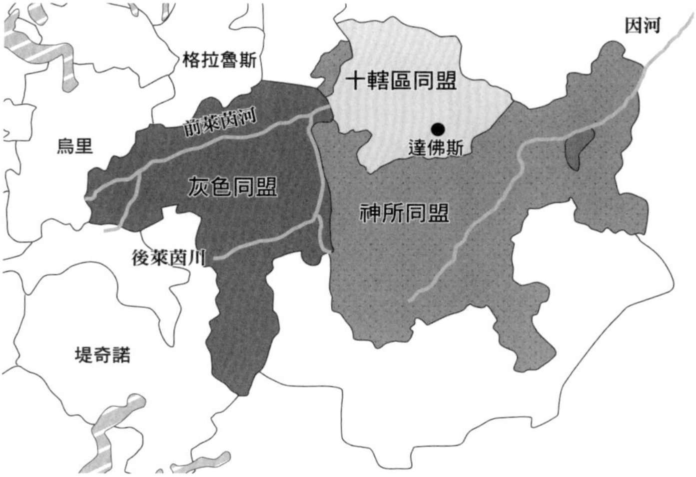

在這個地區，從十四世紀下半葉到十五世紀這段期間，為了維持和平而組成了三個同盟組織。在庫爾采邑主教區成立了神所同盟，在前萊茵河一帶成立了灰色同盟，以達佛斯為中心成立了十轄區同盟。

灰色同盟於一四〇〇年，與格拉魯斯結成獨自的同盟，允許他們通過位於格勞賓登的幾個山口道路。因此，邦聯也開始對聖哥達山口的東側施加影響力。

一四〇二年，烏里的軍隊攻擊米蘭公爵（維斯孔蒂家族）控制下的提奇諾，並暫時征服該地的北部。這起事件促使瑞士義大利語圈的形成。另一方面，琉森、烏里、翁特瓦爾登與瓦萊（Valais）於一四〇三年結成保護同盟，挺進聖哥達山口的西側。此外在一四一〇年，烏里也和聖哥達山口北部緊鄰的烏爾森結成保護同盟。

一四一一年，在瑞士東北部聖加侖修道院控制下的阿彭策爾，與尋求自治的瑞士各邦結成為期十年的保護同盟。隔年，在修道院管轄下的城市聖加侖，也與瑞士各邦結成了保護同盟。

許多與邦聯締結保護同盟的地區，被稱為「從屬邦」。從屬邦並非邦聯的正式成員，也無法參與瑞士各邦共同管轄的「共同統治地」的經營，但是好處是當其他地區對他們發動戰爭時，可以依靠邦聯的軍事力量。

話說回來，自十四世紀末以來，天主教會陷入一片混亂，曾經發生過羅馬教宗分別存在於羅馬、亞維農和比薩的情形。在這段期間，盧森堡家族的皇帝西吉斯蒙德與比薩的教宗若望二十三世（Ioannes XXIII）發生了衝突。一四一五年，邦聯應皇帝的要求，攻擊一直在支持比薩教宗的哈布斯堡領地阿爾高。邦聯將此時獲得的阿爾高部分地區，作為他們第一個「共同統治地」。隨後，瑞士各邦的代表開始在巴登召開「邦聯會議」。因為有必要密切協商關於保護同盟、從屬邦、共同統治地等問題。有權以這種平等地位進行協商的邦國，稱作「主權邦」。

邦聯的內訌

烏里的軍隊於一四三〇年代末從提契諾南下，向維斯孔蒂家族的米蘭公爵所控制的貝林佐納進行遠征。後來烏里未能奪下貝林佐納，反而占領了反抗米蘭公爵統治的萊文蒂納，並向米蘭公爵支付擔保金才取得。

其他的瑞士各邦，也試圖確保通往義大利的山口道路周邊地區，所以邦國與邦國之間有時也會發生戰爭。舉例來說，蘇黎世和施維茨都想讓格勞賓登山口道路的交通安全無虞，所以試圖奪取位於格拉魯斯北部圖根堡伯爵領地的南部地區。此時，格拉魯斯擔心強大的蘇黎世城市邦南下推進，於是站在了同為鄉村邦的施維茨這邊。

調解邦聯內部紛爭的審判結果，施維茨的請求獲得批准。但是蘇黎世並不接受，並於一四三六年和施維茨發動戰爭（舊蘇黎世戰爭），且向奧地利請求援助。為此，奧地利便要求法國派遣亞文邑傭兵團。

一四四四年，亞文邑傭兵團在聖雅各布戰役中，擊敗了與蘇黎世敵對的瑞士各邦軍隊。隨後，在蘇黎世湖上也發生戰爭，變成了使用軍艦的激烈戰鬥。

由於舊蘇黎世戰爭是由蘇黎世溫和派掌權，所以在一四五〇年結束。而圖根堡伯爵領地的南部地區，便成為了施維茨和格拉魯斯的共同統治地。從

當時的日本

室町幕府第6代將軍足利義教，陸續鎮壓了具有影響力的下臣，包括控制關東的鎌倉公方足利持氏。播磨（現在兵庫縣的一部分）的守護大名赤松滿祐等人反對這次的鎮壓，於1441年發動「嘉吉之亂」將義教殺死，教軍家族後來迅速失去權威。

15世紀中葉的瑞士及其周邊地區

此之後，蘇黎世便致力與各個邦國合作。

這段時期，邦聯的勢力範圍一路擴大。一四六〇年，邦聯從哈布斯堡家族手中奪下圖爾高，作為共同統治地。

在南部的格勞賓登，神所同盟、灰色同盟、十轄區同盟在一四七一年為了對抗哈布斯堡家族的威脅而加強團結合作，並於十五世紀末分別與除了伯恩以外的瑞士各邦締結協議。瑞士各邦之間雖然存在衝突，但是各邦的連結逐漸加深，控制地區與同盟地區也不斷擴大。

勃根地戰爭

過去的勃根地王國西部（法國東南部）在法語中稱作Bourgogne，在十五世紀由繼承瓦盧瓦家族血統的公爵統治。十五世紀下半葉即位的查理一世（Charles le Téméraire，大膽查理）熱衷於擴張領土，雖然他是法國國王的下臣，但是他開創了廣大領地，從尼德蘭（現在的荷蘭、比利時、盧森堡）延伸到法國東南部和地中海方面。

一四六九年，陷入財政困難的哈布斯堡家族奧地利大公西格蒙德（Sigmund），將他上阿爾薩斯和黑森林的領地賣給查理一世。查理一世公爵嚴格地統治了這個地區。受不了這種統治的上阿爾薩斯各城市（巴塞爾、聖特拉斯堡等等）人民，發起了重返哈布斯堡領地的運動。西格蒙德試圖回應這次運動，但是查理一世並不允許，因此各城市才會求助於邦聯。

奧地利在一四七四年與邦聯締結《永久和平條約》，承諾放棄哈布斯堡家族在瑞士喪失的領地，並準備與勃根地公爵開戰。邦聯也得到了瓦盧瓦家族主支的法國國王路易十一（Louis XI）與洛林公爵的支持。

另一方面，米蘭公爵和薩伏依公爵則是站在勃根地公爵這邊。

一四七四年十月，瑞士各邦的軍隊攻入弗朗什－孔泰（現在與瑞士兩國相接的部分勃根地公國領地），勃根地戰爭就此展開。在一四七六年三月的格朗松戰役與六月的穆爾藤戰役

中，瑞士各邦軍隊擊敗了勃根地軍隊。在一四七七年的南錫戰役中，洛林軍隊和瑞士各邦軍隊也擊敗了勃根地軍隊，讓查理一世戰死沙場。

沒有男性繼承人的勃根地公國遭到瓦解，大部分的領地都被移交給查理一世的女兒所下嫁的哈布斯堡家族。

勃根地戰爭，讓歐洲國家看見了邦聯士兵的強大力量。結果，各國開始競相向瑞士各邦尋求傭兵。於是米蘭公爵、薩伏依公爵、奧地利大公（一四五七年從公爵晉升）、羅馬教宗都與瑞士各邦之間締結了傭兵合約。而與法國早在一四七四年就已經簽訂了合約。瑞士向他國提供兵力以賺取大筆收入的「傭兵業」，這種悠久傳統就是在這個時期誕生的。

分裂的危機

當時在瑞士各邦之間，城市邦與鄉村邦一直相持不下。蘇黎世和伯恩要求正式加入索洛圖恩與弗里堡的邦聯，過去他們曾為勃根地戰爭的勝利貢獻良多。然而，鄉村邦擔心他們的發言會愈來愈沒有影響力，於是反對城市邦的增加。

當時鄉村邦的人民十分粗暴，這點也是造成衝突的原因之一。鄉村邦的人民對於在薩伏依家族控制下的日內瓦，於勃根地戰爭時沒有向邦聯遵守只要停止攻擊便要付出代價的承諾，因而感到十分憤怒。一四七七年，眾多來自烏里和施維茨、怒不可遏的士兵終於進攻瑞士西部，並且引發威脅洛桑和日內瓦居民的事件。

一四七八年，上瓦爾登的官員煽動琉森領地恩特勒布赫的農民反叛，還發生了叛亂領袖遭到處死的事件。

在鄉村邦以及城市邦之間的衝突愈演愈烈的情

當時的日本

由於室町幕府第8代將軍足利義政的繼承問題，細川勝元與山名宗全相互敵對，並於1467年引發「應仁之亂」。戰亂在沒有明確分出高下的情況下於1477年結束了，但是京都已經燒成灰燼，所以許多僧侶和藝術家逃往各地，使地方上的文化蓬勃發展。

況下，隱士弗呂的聖尼各老（Niklaus von Flüe，上瓦爾登的前政治家）試圖從中調停達成和解。結果在一四八一年十二月，八個邦國簽定《施坦斯協定》。

根據這次協定，索洛圖恩和弗里堡得以正式加入邦聯。在這項協定中規定，不得在邦聯內部起紛爭時使用武力、禁止未經當局許可的集會、不得在邦聯各邦的統治地煽動叛亂等等。

在此期間針對邦聯會議的制度也進行了調整，例如各邦設定

兩名代表、會議舉行地點設在巴登、指定蘇黎世為推出議長的代表邦國等等。

瑞士反對帝國改革

大約在此時，哈布斯堡家族的權力不可動搖，從腓特烈三世以來，一直獨占神聖羅馬帝國皇帝的地位。哈布斯堡家族當然也就是奧地利大公。

一四八八年，由衝突不斷的施瓦本地區帝國自由城市、諸候、騎士團組成施瓦本同盟。這也具有防止瑞士各邦的領域向北方擴張的作用。

一四九五年在沃爾姆斯議會上，皇帝馬克西米連一世（Maximilian I）宣布要實施帝國改革。在這次改革中，決定要設置帝國最高法院以解決爭端，並且導入帝國稅。

然而，邦聯所採取的立場是，他們擁有無須服從外部司法管轄權的特權，拒絕馬克西米連的改革。因此，哈布斯堡軍隊於一四九九年一月進攻格勞賓登（施瓦本戰爭）。戰火四處蔓延，斯瓦本同盟的軍隊也加入戰爭，但是遭到瑞士各邦的反擊，最終在多爾納赫戰役中慘敗。

此後，根據一四九九年九月締結的《巴塞爾和約》，認定在帝國議會上決議的改革並不適用於邦聯。不過，由於有些邦國仍然隸屬於神聖羅馬帝國，因此，也還不能說瑞士已經獨立了。另外，帝國的審判並不適用於在《巴塞爾和約》之後加入邦聯的邦國。儘管如此，瑞士已經步上組成自己國家的道路，是無庸置疑的事情。

十三邦時代的開始

施瓦本戰爭後，瑞士各邦介入義大利戰爭。義大利戰爭源起於瓦盧瓦家族的法國國王查理八世（Charles VIII）意圖控制義大利，後來在一四九四年引發的軍事行動。反抗勢力為羅馬教廷、哈布斯堡家族、義大利北部的各城市。

法國早就與瑞士各邦簽訂傭兵合約，一四九九年十月利用瑞士傭兵占領了米蘭（公國）。然而，由於法國國王路易十二（Louis XII）並沒有向傭兵支付足夠

十三邦時代的瑞士

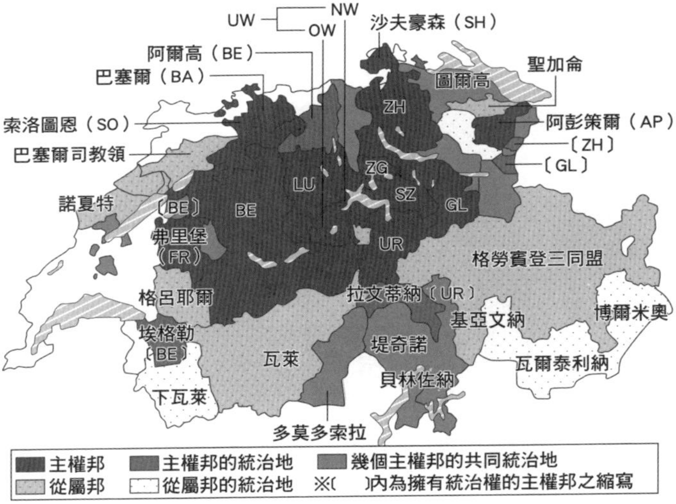

的酬勞，所以瑞士各邦占領米蘭領地貝林佐納，並設為共同統治地。法國同意了這一點，後來邦聯的統治地便擴張至阿爾卑斯山的南側。

一五〇一年六月，巴塞爾加入邦聯。然而在巴塞爾，當邦聯內部發生衝突時，有義務保持中立進行仲裁。

同年八月，沙夫豪森也加入邦聯。沙夫豪森有很長一段時間都是從屬邦，但是在施瓦本戰爭的功績得到認同，後來與巴塞爾

邦聯的擴大

年	邦名												
	UR	SZ	UW	LU	ZH	GL	ZG	BE	FR	SO	BA	SH	AP
1291	■	■	※										
1315	■	■	■										
1332	■	■	■	■									
1351	■	■	■	■	■								
1352	■	■	■		■	■							
	■	■	■	■	■		■						
1353	■	■	■					■					
1481	■	■	■	■	■	■	■	■	■	■			
1501	■	■	■	■	■	■	■	■	■	■	■		
	■	■	■	■	■	■	■	■	■	■	■	■	
1513	■	■	■	■	■	■	■	■	■	■	■	■	■

※僅限下瓦爾登

用幾乎一樣的條件加入了邦聯。

一五〇九年，瑞士各邦沒有與付款不爽快的法國更新傭兵合約，並於隔年和羅馬教廷簽訂傭兵合約。一五一一年，教宗儒略二世（Julius II）為了將法國勢力趕出義大利北部，後來動員了瑞士傭兵。而且還和西班牙、威尼斯組成「神聖同盟」，並且讓神聖羅馬帝國加入這個同盟，此外還在與英國組成的同盟支持下，展開大規模的軍事行動。

另一方面，瑞士各邦獨自採

取行動，於一五一二年在帕維亞擊敗法國軍隊後占領米蘭公國，使其成為保護國。另外在同一時間，面向盧加諾湖的盧加諾，以及面向馬焦雷湖的洛迦諾也作為共同統治地。

在此期間，格勞賓登還越過阿爾卑斯山入侵義大利北部，並占領瓦爾泰利納、卡維納、博爾米奧，使瑞士各邦的領土達到最大。而且，在一五一三年從屬邦阿彭策爾正式成為一個邦國。

於是「十三邦時代」就此展開。具體來說，有七個城市邦（蘇黎世、伯恩、琉森、巴塞爾、索洛圖恩、弗里堡、沙夫豪森）、五個鄉村邦（烏里、施維茨、下瓦爾登、格拉魯斯、阿彭策爾）、一個包含城市與鄉村的複合邦（楚格）。

祕密專欄

瑞士的鐘錶

始終領先一步的技術

據說瑞士的精密機械產業，是在十六世紀以後，一群技藝高超的胡格諾派手工業者從法國移居後才興盛起來。具代表性的一例就是鐘錶業。雖然在山區不適合農業，但是後來以侏羅地區及日內瓦為中心發展起來，因為這裡有豐富水源用於研磨和洗淨。寶璣腕錶的創始人誕生於諾夏特，他在一七七五年於巴黎創業，寶璣腕錶具備精準的萬年曆，以及產生動力的發條只須動動手臂就能自動上弦的功能等等，一直深受包括法國王室在內的上層階級所喜愛。

進入十九世紀後，各邦競相試圖讓鐘錶業振興起來。為此，興建了鐘錶技師的學校及大量用來生產的工廠，而浪琴、百達翡麗、歐米茄、泰格豪雅、愛彼這些著名製造商也相繼創立。一九〇五年在英國倫敦創立的勞力士，於一九二〇年將總部

寶璣

遷至日內瓦，並發表了世界上第一支完全防水的手錶。

一九七〇年代以後，因為廉價電子錶（石英錶）在全世界普及開來，所以瑞士的製造商一時間受到了打擊。為此，瑞士的鐘錶業重振旗鼓，一方面成立廉價的大眾品牌，同時透過傳統技術開發高級商品。一九八三年極具時尚性的斯沃琪成立，並且同樣受到收藏家的喜愛。

根據市場調查公司Deallab的資料顯示，二〇二二年全球手錶市佔率第一的是美國的蘋果公司，第二名為勞力士，第三名是斯沃琪，第四名為歷峰集團和瑞士企業，占了整體的百分之三十左右。

耐人尋味的瑞士偉人❷

森帕赫戰役的傳奇英雄

溫克里德

Arnold von Winkelried

（？～1386 年）

獨自對抗哈布斯堡軍隊

早期的瑞士邦聯，屢次與哈布斯堡家族發生衝突。一三八六年七月爆發的森帕赫戰役也是其中之一。邦聯的軍隊與哈布斯堡軍隊的長矛部隊陷入苦戰，但是邦聯一方的戰士溫克里德說完「朋友們，我的妻子就拜託你們照顧了」這句話後，便一個人前進，自己用他的身體擋下長矛創造突破點，帶領邦聯走向勝利。

據說溫克里德的家族是翁特瓦爾登具影響力的人，但是詳細的來龍去脈卻不得而知。儘管如此，16 世紀以後，以森帕赫戰役為題材的年代記及敘事詩廣泛流傳，使他成為民族英雄。後來拿破崙也曾經贊揚過溫克里德。

如今還是無法證實溫克里德是否真實存在，但是每當瑞士人面臨危機時，他們都會回想起這位戰士的故事，將其視為獨立和自我犧牲的象徵。

chapter 3

宗教改革與內部分裂

瑞士擴張時代結束

在義大利戰爭持續下，得到威尼斯支持的法國國王法蘭索瓦一世（François Ier）開始向瑞士反擊。一五一五年，瑞士軍隊在馬里尼亞諾戰役中，被法國軍隊炮擊導致近萬人傷亡後敗退。

在這段時期，瑞士各邦一直派遣傭兵至羅馬教廷，但是報酬卻延遲支付了。因此，法國方面的勢力逐漸在瑞士重振旗鼓。一五一六年，瑞士各邦與法國締結《永久和平條約》，將米蘭移交給法國，並確保共同統治阿爾卑斯山以南的地區（現在的提契諾）。

一五二一年，瑞士各邦與法國之間成立了新的

當時的日本

日本和朝鮮之間從15世紀開始積極展開貿易，但是居住在朝鮮的日本人變多後，於1510年與朝鮮方面發生衝突（三浦倭亂），關係中斷。透過1512年簽訂的《壬申約条》重啟貿易，唯一的正式停靠港是位於現在韓國昌原市的薺浦（乃而浦）。

傭兵契約同盟。法蘭索瓦一世動員瑞士傭兵與神聖羅馬帝國皇帝查理五世（Karl V）交戰。在一五二二年的比科卡會戰、一五二五年的帕維亞之戰中，許多瑞士傭兵都戰死了。

慈運理的宗教改革

在歐洲許多地區，於十六世紀爆發宗教革命。這些運動源起於德國修道士馬丁・路德（Martin Luther）批判了羅馬天主教會。

一五一五年，羅馬教宗良十世（Leo X）為了整修聖伯多祿大殿，開始在德國販售贖罪券。一五一七年，重視《聖經》內容的路德質疑贖罪券的有效性，發表《九十五條論綱》（Disputatio pro declaratione virtutis indulgentiarum）批評這種販售行為。這導致一直對教會制度不滿的諸侯、公民及農民們，反對教會的聲浪瀰漫開來。此外，支持基督教改革與脫離羅馬天主教會獨立的人們，便稱作新教徒（Protestant）。新教教義的特徵是，將聖經視為唯一的根據，並重視神的恩典和內在的信仰，而不是人類的行為。然而，也有一些新教徒將信仰和行為視為一體。

在蘇黎世，來自聖加侖修道院領地圖根堡鄉村的烏利希・慈運理（Huldrych Zwingli），成為宗教改革的核心人物。他曾就讀於維也納大學和巴塞爾大學，並在格拉魯斯和艾因西德倫擔任過祭司。他在義大利戰爭從軍擔任祭司時，目擊了許多年輕人喪命或身受重傷，於是強烈反對傭兵制。儘管他肯定為了守護瑞士而戰，但是他並不認同向外國出售兵力的制度。

一五一九年成為蘇黎世祭司的慈運理，由於反對傭兵制等因素，受到人民的支持。後來蘇黎世並沒有加入一五二一年與法國的傭兵契約同盟。

一五二二年，源自耶穌基督在荒野絕食四十天的「禁食」期間，發生一起印刷廠工匠們為了度過苦役而食用香腸的事件。當時慈運理也在場。這就是蘇黎世宗教改革的開端。隔年一月，蘇黎世市當局約兩百名市議員、四百名神職人員、康士坦茨主教的派遣團等集聚一堂，召開了公開討論會。結果，市議會決定「只能按照聖經」講道，實質上承認了宗教改革。

同年十月，舉行第二次的公開討論會，決定廢除彌撒聖祭及聖像。此時，與激進派的康拉德・格列伯（Conrad Grebel）等人發生了衝突，但是改革持續推進。聖像等教堂裝飾物遭到撤除，修道院被人廢止，這些財產用於解決貧困。

第二次公開討論會之後，慈運理的教義傳播到鄉村地區及蘇黎世以外的領地。隨後，在聖加

侖、巴塞爾、沙夫豪森、伯恩、比爾也展開宗教改革。無論在哪種情況下，不僅尋求改革教義和儀式，還要求擺脫教會的司法管轄權和領主權。宗教改革還擴及到格拉魯斯、阿彭策爾、格勞賓登、瓦萊（Valais）等鄉村地區。

另一方面，創始三邦和楚格的人民，則忠於天主教會。在城市邦中，弗里堡和琉森等地都一直拒絕改革。

同時還出現了一群人，他們並不滿足慈運理的政策，尋求激進的改革。他們批評《聖經》中沒有的「幼兒洗禮」，並採取僅向能夠親自進行信仰告白（表明基督教信仰）的成年人施洗的立場，開始被稱為「重浸派」。而康拉德・格列伯和費利克斯・曼茲（Felix Manz）即為重浸派的領導人。此外，在蘇黎世、伯恩、沙夫豪森等城市邦的統治領域（鄉村地區），也有一些居民因為反對城市邦而加入或包庇重浸派。

宗教改革派VS天主教

蘇黎世等改革派的邦國，在一五二七年以後，已經與接受慈運理思想的德國西南部帝國自由城市康斯坦茲合作，組成「基督教城市同盟」。因此，天主教五邦（創始三邦、琉森、楚格）於一五二八年結成「基督教聯盟」，並在隔年也迎來奧地利加入聯盟。

同年十月，伯恩領地的伯恩高地居民召開集會後決定維持天主教，並得到翁特瓦爾登的軍事支援。這違反了禁止干涉其他邦國政治的《施坦斯協定》（一四八一年）。因此，蘇黎世向天主教五邦宣戰，雙方陣營的軍隊在蘇黎世和楚格的邊界地帶對峙（第一次卡佩爾戰爭）。不過，在格拉魯斯的調解下，最終達成了和解。此時有一個傳說，因為避

當時的日本

室町幕府的管領（輔佐將軍的角色）細川高國，將與九州商人有聯繫的大名大內義興視為敵人，因為與中國大陸明朝的貿易利益相持不下，1523 年雙方船隊在明朝的寧波發生「寧波之亂」的衝突。此後，與明朝的貿易利益便由大內氏獨占了。

免掉一場戰爭而感到慶幸的天主教一方帶來了牛奶，新教一方則帶來了麵包，大家一起放進一口大鍋裡共食。

在隨後簽訂的和平條約中，兩個教派（改革派和天主教）承諾不會強迫彼此的信仰、基督教聯盟將會解散等等。條約中的內容對改革派十分有利。因為蘇黎世也得到伯恩的支援，在軍事上占有優勢。

天主教勢力捲土重來

在黑森方伯腓力一世（Philipp

〕的調解下，對聖經有不同見解的慈運理和路德於一五二九年召開會議，但是他們並無法克服矛盾。儘管如此還是促使雙方在政治上的距離縮短了，由蘇黎世、巴塞爾、史特拉斯堡、黑森方伯形成同盟關係。

一五三一年，德國的福音派（宗教改革派）結成了「施馬爾卡爾登聯盟」。黑森方伯和史特拉斯堡都加入了這個聯盟，因此最後強化了瑞士內部的改革派各邦與德國福音派的連結。

同年十月，由於天主教五邦的突襲，第二次卡佩爾戰爭就此展開。改革派在這場戰鬥中敗北，慈運理戰死。根據隨後的和平條約，加進了各主權邦和從屬邦的宗教選擇自由，與兩個教派的平權。關於共同統治地，則允許居民從改革派恢復天主教，但是不允許反向移轉（改變信仰）。根據該條約，在共同統治地上推動了重新天主教化。此外，改革派各邦與黑森方伯等結成的聯盟也遭到了解散。

法語圈的改革運動

上述的和平條約對於瑞士西部並沒有做出任何決定，因此改革派可以自由行動。一五三二年，來自法國的改革派領袖威廉・法雷爾（William Farel），從伯恩被派到日內瓦。日內瓦在伯恩的支援下，於一五三六年擺脫效忠於薩伏依公爵的主教所控制。此時的伯恩，占領薩伏依家族領地的沃邦地區。

在沃邦地區的中心城市洛桑，由伯恩市當局領導下於一五三六年十月召開公開討論會，推動了宗教改革。

一五三六年，法國人約翰・喀爾文（Jean Calvin）在巴塞爾出版了《基督教要義》（Institutio Christianae religionis），詳細記載了改革派的教義。菲瑞（Pharrell）向喀爾文請求，希望他聲援日內瓦的宗教改革。喀爾文對此做出回應，他移居到日內瓦，竭力建立嚴格的「教會規則」和「長老會」的指導制度。喀爾文教義的特徵，在於強調神的絕對性，他提倡「預定論」，主張人類的救贖

教派情勢（1530年左右）

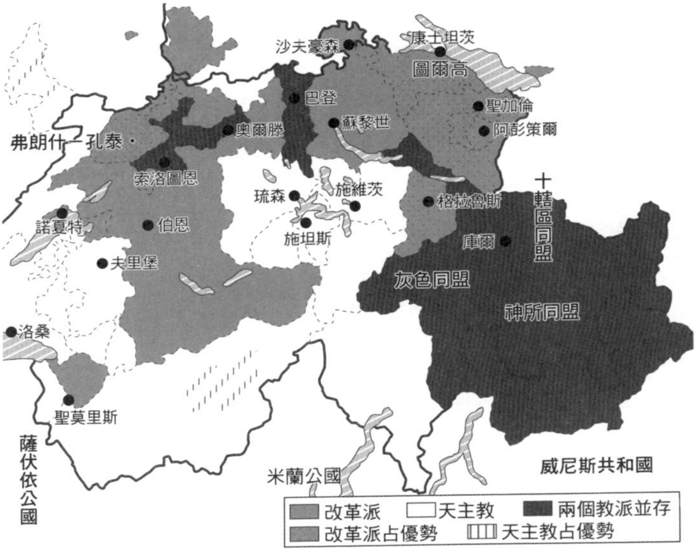

以及毀滅，都是神預先決定好的。

在蘇黎世當慈運理去世後，一直是由海因里希・布林格（Heinrich Bullinger）負責領導的角色。而布林格所著作的《瑞士第一信條》（Der erste Eidgenosse），被德語圈的改革派廣泛閱讀。一五四九年他推出了《蘇黎世協約書》（Zürcher Vertrag），確認了橫跨德語圈和法語圈的瑞士改革派在信仰上基本的共同點。

反宗教改革

義大利戰爭在法國處於劣勢下於一五五九年結束，法國國王放棄統治義大利。此後，西班牙哈布斯堡家族的勢力在義大利逐漸擴大。控制權瞬息萬變的米蘭公國，此時也成為哈布斯堡家族所有。

在瑞士方面，薩伏依公爵在一五六〇年代重新掌權，奪回被伯恩搶走的日內瓦湖南岸地區，並試圖重新天主教化。

在改革派方面，也出現了令人矚目的動向。一五六六年，海因里希・布林格彙整了《瑞士第二信條》（Die zweite Eidgenossenschaft），由改革派

當時的日本

尾張（愛知縣西部）由大名織田信長統治，相鄰的駿河、遠江、三河（從靜岡縣到愛知縣東部）在今川義元的控制之下，1560 年織田信長在桶狹間之戰擊敗今川義元。信長隨後推進到美濃加納（岐阜縣岐阜市），並透過「樂市樂座」使經濟復甦。

的邦國和從屬邦簽署並宣示團結的同時，也開始支持在法國遭受迫害的改革派（胡格諾派）。

一五六二年在法國東北部的瓦西發生一起事件，天主教方面的士兵屠殺了正在集會的胡格諾派。這起事件導致胡格諾派戰爭在法國就此展開。法國國王查理九世（Charles Ⅸ）動員了大量的瑞士傭兵。此時，來自琉森的傭兵隊長路德維希・普菲弗（Ludwig Pfyffer），保護查理九世的家族避免胡格諾派的襲擊，贏得高度評價。

在羅馬天主教會內部，也有對抗新教的需要，後來要求改革的聲浪日益高漲。一五四五年展開了特利騰大公會議（Concilium Tridentinum），結果是再

次確認傳統天主教教義的正確性，另一方面也協商出禁止販售贖罪券，以及改善神職人員素質的具體對策（例如整備培訓機關等等）。自中世紀後期開始就在嘗試改革天主教，但是這段時期的運動因為強烈意識到新教而被稱作「反宗教改革」。

在瑞士也是由於一五七〇年米蘭大主教嘉祿・鮑榮茂（Sanctus Carolus Borromeus）的來訪，而展開反宗教改革。透過讓教廷大使常駐在琉森，與羅馬加深了關係，而且依納爵・羅耀拉（Ignatius de Loyola）等人還邀請創立於一五三四年的耶穌會，來促進上流社會人士的教育。此外也嘗試了改革，例如將一般信徒的指導，委託給從方濟各會派生的方濟嘉布遣會這個修道會。

另一方面，則在耶穌會的神學院裡教育優秀的神職人員。米蘭便有一所瑞士神學院，接收了來自瑞士的留學生，提供高水準的教育。

三十年戰爭和瑞士

三十年戰爭時代的國際關係

天主教和哈布斯堡勢力

- 神聖羅馬帝國皇帝（哈布斯堡家族）
- 巴伐利亞等帝國諸侯
- 西班牙（哈布斯堡家族）
- 羅馬教廷
- 波蘭立陶宛聯邦

新教和反哈布斯堡勢力

- 普法爾茨等帝國諸侯
- 丹麥（路德教派）
- 荷蘭（喀爾文教派）
- 英國（英格蘭教會）
- 瑞典（路德教派）

天主教但反哈布斯堡勢力

- 法國（波旁家族）

武裝中立

瑞士

瑞士的改革派當中，蘇黎世和伯恩各自於一五八四年和日內瓦組成保護同盟，強化了彼此的合作。

另一方面，瑞士的天主教邦於一五八六年結成「黃金同盟」。此外，黃金同盟在隔年與全力支援天主教的西班牙哈布斯堡家族腓力二世（Felipe II）組成了同盟關係。

這個同盟規定，當瑞士發生宗教戰爭時，可從西班牙得到軍事援助及糧食援助，其交換條件是應給予西班牙軍隊通過瑞士領土的權力。

一六〇二年，想要占領日內瓦的薩

伏依公爵，發動了一場名為登城之戰（L'Escalade）的突襲。然而，由於日內瓦公民的抵抗而失敗，因此薩伏依公爵斷絕控制日內瓦的念頭，也放棄長期被伯恩搶走的沃邦地區。

一六一八年，哈布斯堡家族的波希米亞國王斐迪南二世（Ferdinand II），規定統治領域內的人民須信仰天主教。波希米亞人民對此表示反對，並發生一起改革派在布拉格市政廳將皇帝代理人扔出窗外的事件。

這起事件導致波西米亞人民爆發叛亂，帝國內的諸侯分成天主教和新教開始相持不下。不久後西班牙加入天主教一方，丹麥和瑞典加入新教一方，發展成大規模的宗教戰爭（三十年戰爭）。然而，

當時的日本

江戶幕府禁止以信仰為優先而非服從領主的基督教後驅逐傳教士，並在1616年將與西方國家的貿易港口限制在平戶和長崎，而且將不會進行傳教的荷蘭視為唯一的西方貿易夥伴國。此外還在1641年，關閉了平戶的洋行並將貿易港口限定於長崎。

這場戰爭也有某方面不能稱作宗教戰爭，例如天主教國家法國是站在新教徒一方。

這場戰爭期間，邦聯向各國派遣了傭兵，但是並未直接參戰，受到攻擊時會試圖採取「武裝中立」的立場來自衛。

飽受戰禍的格勞賓登

格勞賓登自一四七一年以來，一直是由神所同盟、灰色同盟、十轄區同盟這三個同盟組成的聯盟，教派的選擇，都是委由各個同盟內的共同體。十七世紀時，改革派達到了人口的三分之二。在天主教居民較多的瓦爾泰利納，改革派的領導人試圖強行推動新教化，導致了天主教居民的反彈。

瓦爾泰利納的改革派勢力，於一六一八年將天主教的祭司及具影響力的人判處死刑。因此，天主教的居民與西班牙教派合作，於一六二〇年屠殺了改革派的居民們。這起事件被稱為「神聖流血事件」。

後來，西班牙軍隊占領瓦爾泰利納山谷，並且建立了自治政府。蘇黎世和伯恩為了幫助改革派而派出了軍隊，可是未能解放山谷。此外，奧地利的軍隊還占領了十轄區同盟的大部分領域、庫爾、邁恩費爾德等地。哈布斯堡家族一直在尋找將軍隊送進德國各地的路線，因此他們也控制了瓦爾泰利納的山口道路。

格勞賓登的改革派，在前牧師約爾格・耶納奇（Jörg Jenatsch）的領導下，與法國進行了談判。隨後在一六二四年，為了解放遭奧地利占領的土地和瓦爾泰利納，讓法國軍隊插手干預。然而法國干預後，並未將瓦爾泰利納歸還給格勞賓

登。

此外，在一六二九年法國軍隊再次入侵，在一六三一年奧地利軍隊再次入侵。結果，耶納奇與哈布斯堡家族簽訂祕密條約後於一六三七年將法國軍隊驅逐，並且在一六三九年歸還了瓦爾泰利納。耶納奇的交換條件，就是允許西班牙的哈布斯堡軍隊通過山口道路。

瑞士的獨立得到國際承認

三十年戰爭期間，除了格勞賓登以外的瑞士各邦都採取了中立政策。然而，許多瑞士傭兵加入了站在改革派一方作戰的瑞典軍隊和法國軍隊。此外，儘管瑞士保持中立，但是外國軍隊卻屢次入侵瑞士的領土。一六四六年與一六四七年瑞典軍隊入侵波登湖畔，威脅瑞士的邊境地區。

危機感與日俱增的邦聯在瑞士東部的維爾鎮召開會議，經十三邦同意下簽訂了防衛軍事協定。於是，十三邦（主權邦）、從屬邦、共同統治地便可以組成共同的軍事組織。後來瑞士在戰爭期間的武裝中立政策，受到了國際讚揚。

席捲整個歐洲的三十年戰爭，於一六四八年結束。這時簽訂了《西發里亞和約》作為和平條約，承認瑞士從神聖羅馬帝國「分離」。雖然帝國並沒有承諾要放棄在瑞士境內剩餘的統治權，但是這意味著實質上獨立了。

三十年戰爭期間，瑞士的經濟透過農產品出口和傭兵契約而蓬勃發展，可是戰後卻陷入蕭條。解決這個問題的對策，就是伯恩和琉森在一六五二年將貨幣貶值，試圖導入新的稅金。琉森領地恩特勒布赫的農民因此引發了暴動，導致叛亂也蔓延到伯恩領地埃曼塔、索洛圖恩、巴塞爾的鄉村地區。

農民們團結一致，於一六五三年四召開跨教派的集會後組成「農民同盟」。他們要求對貨幣貶值進行補償，以及在從屬邦土地上也可以召開邦民大會（由族長們召開的居民會議）的權利。然而，這場叛亂在六月遭到鎮壓，許多農民都受到懲罰。

這段時期，教派之間並沒有發生激烈衝突，但是在一六五五年躲藏在施維茨領地阿爾特的改革派被處死和驅逐之後，情況完全改變。蘇黎世攻擊天主教各邦，並且占領了共同統治地圖爾高。然而，伯恩軍隊在菲爾默根敗給天主教一方，戰爭變得難以繼續下去（第一次菲爾默根戰爭）。

武裝中立宣言

法國國王路易十四（Louis XIV）於一六六三年，與邦聯更新傭兵契約同盟。法國向提供傭兵的各邦支付了鉅額的合約金。而且邦聯的各邦，有權以低關稅從法國自由進口穀物、鹽等必需品。

路易十四為了擴大法國的勢力範圍，還在北美洲和亞洲尋求領土，多次與西班牙、荷蘭、英國等國家發生戰爭。據說在路易十四在位期間，動員了超過十二萬名的瑞士傭兵。

一六七四年，法國占領西班牙哈布斯堡家族領地的弗朗什－孔泰。針對此事，瑞士各邦宣布武裝中立。而且，瑞士還採取了不允許外國軍隊通過瑞士境內的政策。結果法國在一六八一年，占領和蘇黎世、伯恩結盟的帝國自由城市史特拉斯堡。由於法國還控制了經由萊茵河從外部進口穀物及鹽的路線，所以邦聯充滿危機感，試圖加強團結。

對法國充滿警戒

在法國的統治階級間以天主教占多數，但是一五九八年頒布《南特詔書》，喀爾文教派的新教胡格諾派也得到了信仰自由。

然而，路易十四於一六八五年廢止這條敕令後，導致胡格諾派必須改信天主教才能留在法國。

直到一七〇〇年以前，約有兩萬名胡格諾派教徒流亡瑞士，並定居下來。許多胡格諾派教徒都是

當時的日本

第5代將軍德川綱吉深受禁止殺生的佛教所影響，從1685年起數度制定了尊重生物的法律。這些法律統稱為《生類憐憫令》。綱吉尤其重視與他生肖相同的狗，於現在的東京中野區所設置的圍場中，便飼養了10萬隻狗。

技師，蘇黎世和巴塞爾的同業公會（Zunft）為了保護他們自己的工作，所以拒絕接受他們。因此，大部分的胡格諾教徒經由瑞士逃往了德國等地。這些人數達到六萬人。對胡格諾派的鎮壓和驅逐出境，導致瑞士與鄰近的新教地區對於法國的警戒心愈來愈強。

在這段期間，一直在統治位於伯恩西方諾夏特的法裔貴族奧爾良・隆格維爾家族於一七〇七年滅絕。路易十四試圖將諾夏特併入法國。然而，諾夏特具影響力的人都是新教徒，他們不喜歡被支持天主教的法國國王統一，後來選擇了新教的普魯士國王腓特烈一世（Friedrich I）為繼任者。腓特烈一世是奧爾良・隆格維爾家族的親戚，擁有繼承權。儘管這次統治者更迭，但是諾夏特仍然透過與弗里堡和伯恩的保護同盟，一直與武裝中立的邦聯有所聯繫。

最後的宗教戰爭

天主教和改革派的衝突，進入十八世紀後還是在瑞士各地持續存在。

一七一二年，聖加侖修道院領地圖根堡的改革派引發叛亂以對抗修道院長的暴政。蘇黎世和伯恩都支援了這次叛亂，第二次菲爾默根戰爭就此展開。在這場戰爭中，改革派戰勝了天主教軍隊。

在隨後的和平條約規定下，天主教和改革派在共同統治地上相互承認，針對教派的問題將在雙方派出相同人數的代表參加的調解審判中進行處理。於是，在瑞士的教派問題開始透過討論得到解決，持續很長一段時間的宗

教戰爭就此結束。

當時，歐洲因為西班牙哈布斯堡家族的絕嗣，與法國波旁家族要求繼承西班牙王位所引發的戰爭（西班牙王位繼承戰爭），而陷入動盪不安，但是瑞士這片土地卻十分安全。然而，瑞士傭兵同時受僱於哈布斯堡家族一方和波旁家族一方，不得不相互廝殺，所以他們既是戰爭的被害者，同時也是加害者。

秘密專欄

瑞士的飲食文化

採用獨特加工技術蓬勃發展的起司和巧克力

瑞士的起司，以長期保存和適合出口的硬質乳酪為主流，透過壓榨、脫水、熟成的高度技術生產而成。當然，在瑞士有各種使用起司的料理。而在日本也十分有名的起司火鍋，是一道西南部瓦萊的鄉村料理，先在鍋中將蒜頭爆香後再將起司融化，並加入白酒和櫻桃白蘭地（Kirschwasser）等酒類，用切成小塊的麵包沾著享用。拉克萊特起司也是起源於瓦萊，將香氣濃郁的拉克萊特起司融化後，淋在馬鈴薯或煮熟的蔬菜等食材上品嚐。

主要在德語圈所食用的馬鈴薯餅，是將切絲的馬鈴薯和洋蔥用平底鍋炒過再成型的料理，常用來搭配肉類菜餚。有時還會加上起司或培根。各邦還有使用加工肉類作為保存食品的料理，例如肉乾、火腿和培根等等。

弗朗索瓦－路易・凱勒

起司火鍋

十九世紀以後，巧克力成為了瑞士的特產。自從巧克力的原料可可由南美洲傳入歐洲以來，人們長期都是當作飲品而不是甜點在消費，但是到了一八一九年瑞士人弗朗索瓦—路易・凱勒（François-Louis Cailler）開設了第一家巧克力工廠後，固體的片狀巧克力就被推廣開來了。

此外，一八七五年瑞士人丹尼爾・彼得（Daniel Peter）將雀巢創始人亨利・內斯萊（Henri Nestlé）發明的煉乳（Condensed milk）與巧克力結合，製造出牛奶巧克力。現在，每個瑞士人一年的巧克力消費量約十公斤，這是日本的五倍左右。

為醫學帶來變革的鍊金術師

帕拉塞爾蘇斯

Philippus Aureolus Paracelsus

（1493～1541 年）

親民務實的人

帕拉塞爾蘇斯來自瑞士中部的艾因西德倫，本名叫作德奧弗拉斯特・霍恩海姆。年輕時在義大利學醫，並在巴塞爾大學擔任醫學教授等職務，還著手治療當時在歐洲肆虐的黑死病（鼠疫）。

在當時歐洲的所有學術領域一直都是使用拉丁語，但是帕拉塞爾蘇斯也對民間醫療十分關心，到處遊歷後具有接觸德語圈各地民眾的經驗，據說他在大學講課時也曾使用過德語。此外，他還批評偏向古希臘和羅馬時代老舊理論的醫學，提倡重視物質化學變化及外科手術的新醫學。

他也一直在研究創造出神祕宇宙論和黃金的鍊金術，並在科學史上被譽為奠定現代醫學、藥學、化學之基礎的人物之一。

chapter 4

建立現代國家

搖搖欲墜的傭兵制度

在十八世紀以後的瑞士，工商業發達的蘇黎世和伯恩等新教地區開始掌握主導權。只不過，也有一些政局不穩定地區。在伯恩控制下的沃邦地區，於一七二三年由軍官達維爾（Darvel）少校在洛桑號召起義，但是以失敗收場。達維爾被捕並遭到處決，不過他後來被譽為沃邦的英雄。此外，達維爾還是一個自一六九〇年代便透過傭兵工作累積了軍職經歷的人物。

除了蘇黎世以外的十兩個邦國皆與法國簽署的傭兵契約同盟，於一七三三年到期，在改革派各邦的抵觸下並沒有更新合約。然而，天主教地區與法國個別簽訂了協議，新教地區則是與英國和荷蘭個別交換了合約。在一七四〇年展開的奧地利王位繼承戰爭時，也動員了瑞士的傭兵。一七四八年奧地利王位繼承戰爭結束當下，便有七萬五千名瑞士傭兵正在各國活動。不過，瑞士傭兵在各國軍隊中的重要性逐漸下降。這種趨勢，與瑞士早期工業化導致的工作機會增加有關。

跨越國界的文化交流

瑞士在十七世紀下半葉以後，蘇黎世及伯恩這些新教地區，與同樣信奉新教的英國、荷蘭、普魯士等國的文化交流不斷進展。尤其是在現今的瑞士、法國、德國接壤的巴塞爾，聚集了許多科學家和文學家，瑞士還出現了世界聞名的文化人士。

巴塞爾的白努利家族，有眾多優秀的數學家輩出。在微積分學研究上眾所周知的約翰・白努利（Johann Bernoulli），以及發現顯示流體流動定律的「白努利原理」，並確立流體力學的丹尼爾・白努利（Daniel Bernoulli）皆十分著名。

此外，數學家李昂哈德・歐拉（Leonhard Euler）還留下許多研究數學和物理學的論文。歐拉從巴塞爾大學畢業後，便受邀至俄羅斯的聖彼得堡科學院和普魯士的柏林科學院工作。

來自伯恩的解剖學家和植物學家阿爾布雷希特・馮・哈勒（Albrecht von

Haller），在哥廷根大學邀請下擔任教授一職，在他闡明人體構造和肌肉動作後，便到了家鄉伯恩過生活。同時也是登山家的哈勒，透過長詩《阿爾卑斯山》（一七二九年）向人們介紹了山岳之美。

在法語圈則有出生於日內瓦的地質學家奧拉斯・德索敘爾（Horace de Saussure）對高山進行地質研究，並於十八世紀末出版了全部共四本的《阿爾卑斯山遊記》（Voyage aux Alpes）。

長期以來，對於人們來說阿爾卑斯山的險峻自然環境一直是個威脅，但是在哈勒和索敘爾的介紹下變成了欣賞風景的地方，久而久之許多登山家都將目標鎖定在阿爾卑斯山。

在十八世紀中葉的歐洲，不受傳統的道德觀及

當時的日本

江戶時代中期，經由長崎荷蘭洋行的一群人展開了蘭學（西方實用的學問）。蘭學家青木昆陽於1735年出版《蕃薯考》，呼籲大家種植原產於南美洲可耐惡劣氣候的番薯（Ipomoea batatas），受到第8代將軍德川吉宗的高度讚揚。

身分制度所束縛，重視人類理性和自由意志的啟蒙運動十分普及。瑞士著名的啟蒙學者，就是來自日內瓦的尚－雅克・盧梭（Jean-Jacques Rousseau）。一七五五年，盧梭出版《論人類不平等的起源與基礎》（Discours sur l'origine et les fondements de l'inégalité parmi les hommes），批評文明的發展造成階級差距擴大，並在一七六二年發表了《社會契約論》（Du contrat social ou Principes du droit politique），說明國家和社會實現自由與平等的理想狀態。這些都是在法國出版的書籍。雖然盧梭被視為威脅體制的危險思想家，但是他影響了許多歐洲人。此外，盧梭還有一些作品描繪了阿爾卑斯山的自然美景，成為在整個歐洲掀起阿爾卑斯山旅遊熱潮的原因之一。

向舊體制挑戰

在瑞士各地，自中世紀以來就有由具公民身分的居民參加的公民大會和議事會，但是在十八世紀的階段幾乎不再舉行公民大會，只有極少數的人有權能夠參與政治。

工商業發達的日內瓦聚集了很多來自鄰近地區的工人，公民被分成了四個階級。自古以來具影響力的工商業者及上流階級的居民被稱為公民（Citoyen），諸如製作鐘錶的新型工商業者被稱作資產階級（Bourgeois），剛從城外移居過來的工人階級被稱作新住民（Habitant），其後代被稱作本地人（Natif）。在這當中，只有公民有資格進入統治中樞的小議會（二十五人議會）。資產階級雖然可以加入擴大市議會（兩百人議會），但是新住民和本地人並沒有選舉權。

日內瓦公民的階級（18世紀）

居民	詳細說明	參與政治
公民	自古以來具影響力的工商業者及上流階級的居民	有資格參加小議會（二十五人議會）
資產階級	諸如製作鐘錶的新型工商業者	有資格參加擴大市議會（兩百人議會）
新住民	從城外移入的工人階級	沒有選舉權
本地人	新住民的後代	沒有選舉權

進入十八世紀後，資產階級為了恢復公民大會而展開運動，並於一七三八年實現了目標。從此以後在日內瓦，除了資產階級之外，連本地人也開始尋求參與政治。

一七五五年，烏里的從屬地萊文蒂納發生叛亂，但是遭到鎮壓，主謀被公開處決了。

一七六一年，目的是為了促進公益與實踐博愛精神的赫爾維蒂協會成立。除了代表瑞士新教地區的知識分子之外，還有天主教地區的啟蒙思想家也加入了。於是在瑞士改革社會和政治的氣勢也逐漸高漲起來。

垂死的獅子雕像

在法國，富裕的工商業者資產階級與日俱增，愈來愈多人批評由王公貴族統治的制度。隨著與英國在亞洲和美洲的衝突加劇下，國王路易十六（Louis XVI）於一七七七年和瑞士邦聯重新簽訂傭兵契約。一七八九年七月，因為課稅問題而和貴族階級起衝突的法國公民代表，獨自設立國民議會，並要求制定憲法。然而，路易十六卻以武力徹底鎮壓了這場運動，導致巴黎民眾發生暴動，法國大革命就此展開。它的影響力甚至擴及到與法國接壤的瑞士，在巴塞爾、沃邦、蘇黎世和聖加侖等地也開始革命運動。

一七九一年，法國導入限制君主權力的君主立憲制。普魯士、奧地利等國家試圖介入，以維持君主制的秩序。另一方面，在巴黎的武裝公民懷疑波旁家族的王室與外國勾結，於一七九二年八月十日襲擊了杜樂麗宮。此時，一直在護衛王室成員的瑞士傭兵部隊被人消滅。

後來在琉森市內設置了一座「垂死的獅子雕

像」，紀念當時戰死的瑞士傭兵。這座獅子雕像，身上插著長矛，手中抱著的盾牌上描繪了波旁家族徽章的百合花。

隨後在一七九三年路易十六被人處決，法國成為共和制。在英國及奧地利等國家，擔心革命的影響擴大，後來組成了「反法同盟」。此時瑞士保持中立，但是法國在一七九〇年代下半葉派軍隊前進瑞士。於是整個瑞士都被捲入了革命動亂之中。

已經成為一個國家了嗎？

在法國大革命中立下功績的軍官拿破崙一世（Napoléon Bonaparte），於一七九六年率領軍隊占領義大利北部，建立「奇薩爾皮納共和國」。隔年，曾經是格勞賓登從屬地的瓦爾泰利納等地，也被併入了這個共和國。

隸屬於赫爾維蒂協會的巴塞爾政治家彼得・奧克斯（Peter Ochs），當他訪問巴黎時法國政府要求他在瑞士推動革命。然而，奧克斯並不喜歡法國軍隊的干預，一七九八年一月在沒有使用武力下推翻巴塞爾的體制。

在這段期間，保守派一直在瑞士各地進行反抗，但是革命勢力在法國引導下於一七九八年四月成立「赫爾維蒂共和國」。這一連串的政變稱之為瑞士革命（赫爾維蒂革命）。

在赫爾維蒂共和國，參考一七九五年制定的法國憲法，導入了奧克斯早已備妥的憲法。因此，建立了兩院制的議會和一個由五名首領主導的政府。

廢除了過去各邦的邊界，整個瑞士終於成為了一個國家。邦聯這個擁有主權的

赫爾維蒂共和國（1798年）

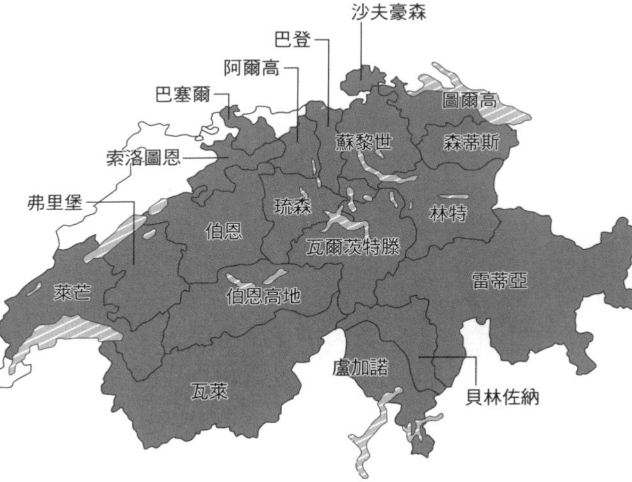

各邦聯盟被解散後，各邦便成為了僅僅是行政單位的一個邦(Canton)。

備受矚目的是，過去曾在主權邦控治下的地區分別變成一個邦，此外創始三邦則和楚格合併了。而且，在赫爾維蒂共和國將法語、德語和義大利語都視為官方語言。

雖然建立了一個新國家，但是赫爾維蒂共和國實質上還是由法國統治的傀儡國家。對於國家應該是什麼模樣並沒有得到共識，效法法國推動中央集權的奧克斯等人，與支持邦聯傳統地方分權的勢力發生了激烈衝突。

一七九八年九月下瓦爾登爆發反對革命的大規模反抗運動，造成很多人死傷。除此之外由於中央集權派與地方分權派的衝突、民眾對新稅和徵兵制的反抗等等，導致政變頻傳，國家陷入一片混亂。一七九九年第二次反法同盟成立，奧地利及俄國與法國之間的戰爭愈演愈烈。在內亂不斷之下，瑞士也被捲入了這場戰爭。

一八〇二年五月，中央集權派提出體制變更案，以便與地方分權派的步調一致。針對這項提案，在現代瑞士的第一次公民投票中，結果是反對票超過贊成票，但是後來以棄權視為同意的方式獲得通過。

拿破崙的「小復辟」

拿破崙於一七九九年十一月在法國掌權，擊敗各國軍隊後，於一八〇一年二

19邦制（1803年）

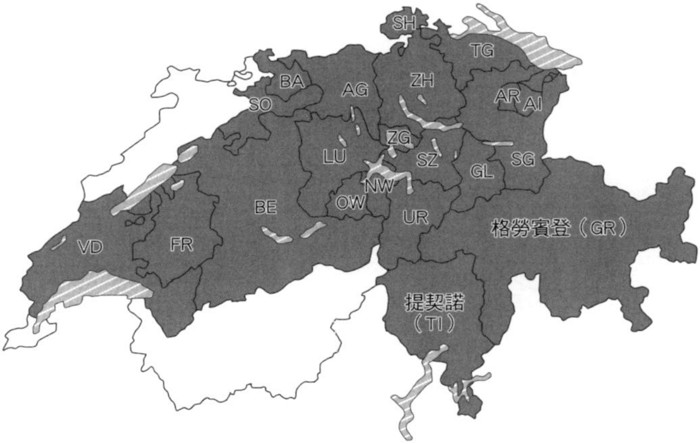

月與奧地利媾和，隔年三月與英國媾和。於是迎來短暫的和平，隨後法國軍隊便從瑞士撤退了。

後來，拿破崙開始解散赫爾維蒂共和國。首先，他讓瓦萊成為一個獨立的國家，並確保阿爾卑斯山的交通。此外他還邀請瑞士的代表來到巴黎，於一八〇三年二月制定了《調解法》，為各邦擬定體制。這被稱為「小復辟」，讓瑞士革命前分權的舊體制重新恢復，並與革命後建立的新體制共存。

後來聖加侖、格勞賓登、阿爾

高、圖爾高、提契諾、沃邦成為六個新邦國，瑞士重組為十九個邦國。此外，日內瓦被併入法國領土，瓦萊也步上相同的命運。

在十九個邦國當中從以前便存在的十三個邦國，地方上具影響力的人像革命前一樣，透過議事會控制居民的體制重新恢復了。在鄉村邦，則是恢復邦民大會的舊有直接民主體制。在新成立的六個邦國，維持了法國式的代議制。邦聯會議也重新恢復了，但是沒有多大的功能，只有締結同盟和條約等等。

另外在《調解法》方面，規定代表天主教地區的弗里堡、琉森、索洛圖恩，代表新教地區的伯恩、巴塞爾、蘇黎世這六個主要的邦國代表，以每年輪替的方式擔任首長（國家元首）。雖說是輪替制，不過這是第一次形成由一個最高領導人統治瑞士的體制。其背景原因是來自拿破崙的想法，他認為只要將軍事及內政的主導權委託給一位國家元首，他便容易控制邦聯的政府。

話說回來，瑞士在一八〇三年與法國結成軍事同盟，強制規定須提供一萬六千名的傭兵。

與法國合作損失慘重

拿破崙在一八〇四年五月，成為法國皇帝拿破崙一世，獲得極大的權力。歐洲各國對法國的警戒心增強，組成第三次反法同盟後重新與法國開戰。

瑞士被視為保護法國本土的中立地區，邦聯會議也宣布了武裝中立。然而，為了阻止奧地利軍隊經由阿爾卑斯山一帶入侵法國，動員了數萬名瑞士傭兵到法國軍隊中。

拿破崙一世在各地擊敗了反法同盟的軍隊，除了英國和俄羅斯之外，壓制了歐洲大部分地區。神聖羅馬帝國於一八〇六年解體，在瑞士境內形式上屬於神聖羅馬帝國的邦國，也完全實現獨立了。

一八一二年五月，拿破崙一世開始遠征俄羅斯。只不過，隨著戰事拖延後武器和糧食耗盡，在冬季的嚴寒影響下而敗退了。這次遠征動員了九千名瑞士傭兵，但是最後能夠返國的僅有七百人。

隔年十月，拿破崙在萊比錫戰役敗給了反法同盟軍隊，法國轉為劣勢。因此，邦聯在維持中立下，默認了奧地利軍隊通過瑞士西部以追擊法國軍隊。向法國進攻的反法同盟軍隊於一八一四年四月占領巴黎，拿破崙一世隨即跨台並遭到逮捕，後來被人流放到地中海的厄爾巴島。

「大復辟」與永久中立

拿破崙一世離開後，各邦的代表於一八一四年召開會議，花了五個月的時間討論邦聯重組事宜。隔年根據採納的「同盟規約」，過去被併入法國的瓦萊重新回到邦聯，而且日內瓦和諾夏特成為了新的邦國。於是，邦聯變二十二個邦國的體制。主權屬於每一個邦國，以每兩年輪替的方式，由蘇黎世、伯恩、琉森的代表擔任邦聯會議的議長。在內政方面，瑞士革命後被賦予的言論及出版自由、無關身分地位的人權保障等等，都再次受到了限制。這個新體制，有許多要素都回到了革命前狀態，因此被稱之為「大復辟」。

22邦體制（1815年）

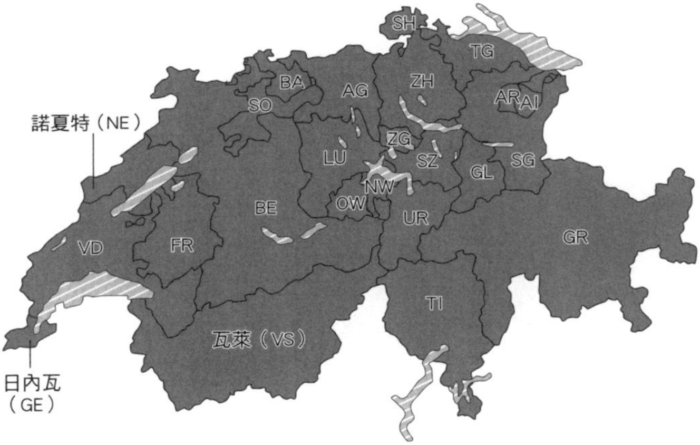

自一八一四年九月開始，英國、奧地利、俄羅斯、普魯士等各國的代表齊聚在奧地利的維也納，召開維也納會議討論拿破崙戰爭後的國際秩序。各國相持不下導致會議拖延的期間，拿破崙一世於一五年三月逃離厄爾巴島後復位。話雖如此，他在六月時被反法同盟軍隊擊敗後再次遭到逮補，所以這次短暫的復權被稱為「百日王朝」。

此時，邦聯參與了反法同盟的進攻，所以在維也納會議上處於有利的立場。後來位於法國和奧地利之間的瑞士領土在國際上被視為不可侵犯，同時瑞士的永久中立也得到承認。

持續了九個月左右的維也納會議，最後於一八一五年六月結束了。這次會議的結果，是波旁王朝在法國復辟，恢復了法國大革命以前基於身分制度及基督教道德觀的保守秩序。

此外，會議後歐洲的國際秩序被稱為「維也納體制」。為了維持這個體制，以俄羅斯、奧地利、普魯士為中心組成「神聖同盟」，歐洲大部分的國家都加入了。邦聯也被納入維也納體制，儘管瑞士站在永久中立的立場，依舊在一八一七年加入神聖同盟。

當時的日本

1800 年前後，俄羅斯的船隻屢屢出現在蝦夷地（現在的北海道）的近海，因此江戶幕府積極在北方進行研究和防禦。富裕的農家間宮林藏向地理學家伊能忠敬學習測量後探索了千島列島與樺太（庫頁島），並於1811 年向幕府提交了《東韃地方紀行》的報告書。

維也納體制下的瑞士

在英國，從十八世紀末到十九世紀初蒸汽機和水力紡紗機開始實際運用，引發了工業革命。拿破崙戰爭結束後，在瑞士也蓋起現代化工廠。除了以前就已經蓬勃發展的紡織品和鐘錶的生產之外，一八一九年弗朗索瓦—路易・凱勒創辦了第一家巧克力工廠，很快地片狀巧克力便成為了瑞士的特產。一八二〇年代蒸汽船被製造出來，開始在瑞士的主要湖泊和河流上航行，運送觀光客。

然而，在當時的瑞士商業自由受到限制，也沒有宗教自由、出版和言論自由、結社自由。此外，各邦都恢復關稅，每個邦國的貨幣和度量衡（單位）也是各不相同，所以在商業活動上困難重重。

另一方面，也出現了一些民間團體跨越了邦國的框架，不分地區及身分強化了瑞士人民之間的團結。藝術家協會早在小復辟的時期就已經誕生，此後，又成立了音樂協會及體操協會等團體。瑞士革命後停止活動的赫爾維蒂協會也在一八〇七年重建，並於一八一九年設立學生的交流組織瑞士學生協會。成立於一八二四年的射擊協會中，除了軍人（傭兵）之外也有一般民眾加入。

維也納體制的時代，在歐洲各國批評王室貴族和教會權威的革命思想受到嚴厲鎮壓。與許多國家接壤的瑞士，在各國受到鎮壓的革命家都潛伏於此，例如法國境內的拿破崙支持者、試圖在義大利建立現代統一國家的燒炭黨（Carbonari）等等。邦聯應其他國家政府的要求，試圖限制這些外國人的言論活動，但是各邦的步調不一致，最後並無法達到顯著的效果。

自由主義重生

在法國復辟的波旁王朝推動極端保守的政策，因此逐漸引發人民的不滿。一八三〇年爆發七月革命，波旁王朝再次被人推翻，建立自由主義的君主立憲制奧爾良王朝。

瑞士在這種影響下，展開一場名為「自由主義重生」的改革運動。包括伯恩、蘇黎世、沃邦在內的幾個邦國進行修法，擴大了宗教和言論自由，以及個人的權利。尤其在聖加侖，建立起一個將所有法案都交付公民投票的制度。

一八三二年三月，蘇黎世、伯恩等地的改革派締結《七邦協約》，目的是為了全面修改一八一五年制定的同盟規約。反對這次協約的烏里和施維茨等保守派則結成「薩爾嫩同盟」。

兩派之間的對立，導致許多邦國的政局不穩定。在蘇黎世的烏斯特，於一八三二年十二月，因工業化導致生活受到威脅的民眾爆發燒毀工廠的事件。在巴塞爾，一直掌握議會主導權的城市地區保守派與鄉村地區改革派的內訌愈演愈烈，一八三三年巴塞爾這個邦國被分裂成「巴塞爾城市邦」和「巴塞爾鄉村邦」。這兩個地區被視為「半邦」，在邦聯會議上分別擁有零點五票的表決權。

這段時期，脫離教會獨立的現代學校教育制度也逐步確立。而且高等教育也愈來愈充實，一八三三年設立了蘇黎世大學，一八三四年設立了伯恩大學，在每個邦國分別開始教授先進的學術知識。然而，這些學校的前身都是與新教教會有關係的舊大學或神學院，所以在新體制下神學院繼續存在。

獨立聯盟戰爭

瑞士一部分的改革派，也一直和外國的改革派有合作關係。舉例來說，蘇黎世大學神學院試圖於一八三九年，邀請普魯士的自由主義神學家大衛・施特勞斯（David Strauß）擔任教授。只不過，施特勞斯對於《聖經》的解釋遭到保守派的強烈反對，最終大學放棄接受。

一八四一年，在阿爾高進行對天主教不利的制度改革，因此爆發了由修道士主導的暴動。阿爾高政府廢除了八家修道院，但是在邦聯勸告下恢復四家女子修道院。

在琉森於一八四一年，由保守派掌握政權後將教育工作委託給耶穌會，但是激進的自由主義（Liberalism）派試圖靠武力反叛，從伯恩和阿爾高迎來了數千名義勇軍。天主教地區的保守派各邦（烏里、施維茨、下瓦爾登、琉森、楚格、弗里堡、瓦萊），準備用武力與新教地區抗爭，於一八四五年結成軍事同盟。

然而，早在一八一五年的同盟規約中，就已經禁止邦國與邦國之間組成違反邦聯整體利益的同盟，所以自由主義派和激進派譴責他們是「獨立聯盟」。

一八四七年，在聖加侖出現政權更替，政權從保守派交到自由主義派和激進派手中，在邦聯內反對獨立聯盟的邦國愈來愈多。這些邦國在邦聯會議上要求解散獨立聯盟，決定根據自由主義派和激進派的主張修改同盟規約。同年十月，來自日內瓦且曾在拿破崙時代隸屬於法國軍隊的亨利・杜福爾

「獨立聯盟」時代的瑞士

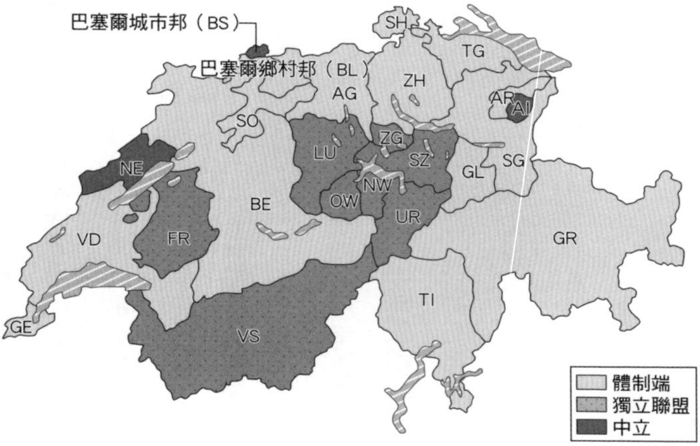

（Henri Dufour）成為指揮官，將保守派的勢力視為對手發起軍事行動（獨立聯盟戰爭）。戰鬥持續了三個星期，但是在琉森被占領後獨立聯盟遭到解散，保守派被逐出政府。

制定聯邦憲法

在包含瑞士在內的整個歐洲，於一八四〇年代寒害、農作物病蟲害、歉收日益嚴重。因此，在各國要求政府解決糧食危機的聲浪高漲。此外，隨著工業革命的發展導致工人階級增加，當中有許多人被迫以低工資長時間工作，所以掀起了不滿情緒。

在這種情況下，一八四八年二月爆發法國二月革命。受此影響，革命運動和民族主義運動在歐洲各地相繼發生，保守的維也納體制崩潰了。這段期間，拿破崙一世藏匿在瑞士阿爾嫩貝格的侄子路易・拿破崙（Louis Napoléon），在二月革命後回國當選總統，透過全民公決恢復帝制後即位成為拿破崙三世（Napoléon III）。

瑞士在獨立聯盟戰爭後的邦聯會議上，聯邦憲法的起草取得進展。一八四八年九月，憲法草案雖然受到天主教各邦的反對，卻還是在十五個邦國與半邦的贊成下獲得通過。因此瑞士將採取現代聯邦國家的形式（在本書中從現在開始，邦聯將寫作聯邦，邦國將會寫作邦。儘管原本在德語和法語的標記方式相同，但是定位不同）。

瑞士聯邦的立法院採用兩院制。具體來說，設置了各邦擁有兩個席次（半邦為一個席次）的上議院（聯邦院），與各邦按照每兩萬人口擁有一個席次的比例分配席次的下議院（國民院）。上議院議員由各邦決定，下議院議員由人民透過選舉直接選出。

行政院（聯邦政府）由上議院和下議院的聯席會議選出的七名閣員所組成。閣員以每年輪替的方式擔任聯邦總統，但是其權力並不大。

根據聯邦憲法，與法語圈和德語圈接壤的伯恩成為首都。聯盟將德語、法語和義大利語這三種語言訂為官方語言。

與外國締結條約，還有決定開戰的權限交給了聯邦政府。但是在國防方面延續各邦分擔派兵制度，此外還採用了全民皆兵制度（民兵制）。然而，由於地方分權意識強烈，並沒有允許設置聯邦常備軍。另一方面，則明確禁止與外國簽訂傭兵契約。

當時的日本

福山藩（現廣島縣部分）的阿部正弘，於1845年就任幕府實務上的最高官員老中首座一職。同一時期，中國大陸的清朝在與英國的鴉片戰爭中慘敗，因此阿倍和水戶藩（現茨城縣部分）的德川齊昭等人，在幕府內部呼籲要對西方國家的加強防禦。

為了處理超出各邦管轄範圍的司法問題，因此也設立了聯邦法院。此外，還制定了公民投票（Referendum）與公民提案權（Initiative）相關事宜。全面性的憲法修正，必須由上下議院共同提案，或是由超過五萬的人民提案才能進行。如果只有上下議院單方面，或是只有人民提案時，首先要舉行公民投票，當多數贊成時才開始全面修改憲法的手續。此外，已經完成的全面憲法修正案，最後要再次交付公民投票。

一八四八年的聯邦憲法，保障了所有公民在法律面前平等以及言論、出版、宗教、商業活動的自由。

透過維持各邦獨自的憲法、議會制度、司法審判制度、警察制度、稅收制度、教育制度等環節，各邦依舊保留了原有的「主權」，但是外交與軍事則委由聯邦負責，在各邦之間取消關稅、統一貨幣和度量衡的單位上取得進展後，可說達到了一定程度的中央集權。

秘密專欄

瑞士的國旗與國歌

在正式制定前發生了很多事情

一八四八年，紅底白十字的旗幟才正式成為了瑞士國旗。然而，類似這種設計自十四世紀開始就在使用了。來自瑞士各地與哈布斯堡軍隊作戰的戰士們，將這種設計的旗幟放在盔甲和盾牌上，用來區分敵人與盟友。施維茨的邦旗也和瑞士國旗十分相似，但是施維茨是在十七世紀才開始採用，在這之前是一面樸素的紅旗。此外，在瑞士革命後，拿破崙授予了瑞士綠、紅、黃的三色旗，但是在赫爾維蒂共和國瓦解時被人捨棄。

關於瑞士國旗顏色由來，聯邦政府並無官方說法，但有個說法是，紅色象徵戰場上流淌的鮮血，用這些鮮血贏得了獨立和主權。也有一些歷史學家認為，歸根究柢就是象徵基督為人類流下的鮮血。十字架的話，當然是源自基督教的十字架。國

瑞士國旗

前赫爾維蒂共和國的國旗

除了瑞士以外，只有梵蒂岡城國使用正方形的國旗。

旗的形狀，如果用於萬國旗或商船旗為長方形，但是正式的國旗是完美的正方形。

瑞士國歌歷史短淺，從十九世紀中葉開始在官方活動上會演唱《祖國的呼喚》，但是旋律和英國的《天佑國王》相同。

一八四一年公開由來自烏里的修道士（音樂總監）所作曲的《瑞士詩篇》，但是《祖國的呼喚》受歡迎的程度難以動搖，繼續在官方活動中被人演唱。然而，經過討論之後《瑞士詩篇》於一九六一年成為臨時的國歌，一九八一年才終於獲得正式採用。

歌詞是用瑞士的四種語言所編寫，從讚美輝煌早霞的阿爾卑斯山開始，在感謝守護祖國的上帝，以及祈求祝福下結束。

耐人尋味的瑞士偉人④

改變教育現況的實踐家

裴斯泰洛齊

Johann Heinrich Pestalozzi

（1746～1827年）

重要的是孩子的自主性

他出生於蘇黎世，最初是以牧師為志願才學習了基督教的神學，但是不久後決定成為一名教育者。1775年，他在阿爾高地區的比爾村建了一座名為諾伊霍夫的農場後開設孤兒院，致力於貧困兒童的教育。後來裴斯泰洛齊在翁特瓦爾登的施坦斯、沃邦地區的伊韋爾東開設寄宿學校，指導了很多的孩子們。裴斯泰洛齊的教育方針，深受主張人類自由與回歸自然的啟蒙思想家盧梭所影響，他尊重兒童的自主性，重視在生活中的體驗及觀察而不是教科書。

他發表的著作包含教育論的《隱士的黃昏》（The Evening Hours of A Hermit）、描寫農村兒童成長的小說《林哈德和葛篤德》（Lienhard und Gertrud）等等，除了在瑞士之外，也在歐洲各國對十九世紀以後的教育普及帶來了巨大的影響。

chapter 5

創建新國家與世界大戰

複雜的對立結構

聯邦憲法制定後，一八四八年十一月舉行單一選區制的聯邦議會選舉。在這次選舉中由自由主義派和激進派取得壓倒性勝利，七名閣員全數成為「自由主義激進派」。儘管如此教派和語言還是有被考量在內，七名閣員當中，分別選出了兩名來自天主教與非德語圈的閣員。然而，除了自由主義激進派（保守派）以外都完全被排除在外。

新政府很快便面臨地區和教派之間的衝突。琉森等天主教邦，反對執政黨的中央集權化、工業化及教育現代化。當時教宗庇護九世（Pius IX）在一八六九年開始的梵蒂岡第一屆大公會議上批評了現代主義，並主張教宗的不可謬性（教宗是不容質疑的），因此保守派的氣勢如日中天。

為了壓制這些活動，瑞士各地的自由主義派和激進派採取了驅逐保守派神職人員、廢除修道院、禁止基督教主義學校這些強硬措施。這個運動借用德意志帝國（一八七一年成立）的宰相俾斯麥的政策名稱，被命名為「文化鬥爭」。

話說回來，一八四八年的憲法將設立綜合大學與理工學院的權限授予了聯邦政府，但是地區之間的意見相互矛盾，導致只有在一八五五年實現蘇黎世理工學院（現在的蘇黎世聯邦理工學院）的設立。現在洛桑聯邦理工學院前身的私立學校，也是創建於一八五〇年代，但是並沒專攻理工科。

此外，在二十一世紀的現在還是沒有聯邦設立的綜合大學，繼續由邦立大學負責重要角色。建立聯邦國家的體制時，由

於政治立場、宗教、地區差異造成複雜的對立結構，所以從一開始便前途多舛。

外交關係也延伸至日本

十九世紀下半葉，瑞士與世界各國的關係也發生巨大變化。諾夏特是組成瑞士聯邦的其中一邦，但是同時也是從屬於普魯士國王的一個公國。一八五六年支持普魯士國王的保皇派在諾夏特引發叛亂，但是很快就被共和派的政府鎮壓。普魯士政府與聯邦政府藉此機會形成對立，但是在英國與法國的調停下，普魯士王室於一八五七年五月放棄諾夏特。

那時聯邦政府為了擴大工業產品的出口目的地，所以也十分用心於和遙遠國家之間的關係。一八六四年，與日本簽訂修好通商條約。這使得瑞士可將鐘錶及武器賣給日本，從日本購買生絲及絲綢製品等等，實際進行貿易。

當時瑞士導入了源自法國的公制，以便與外國公司的共同事業及貿易能順利進行。

大約在這個時期，鄰近國家的政治體制發生了重大變化。義大利半島於一八六一年統一，義大利王國成立。另一方面，法國在與普魯士交戰的普法戰爭（法德戰爭）過程中，因拿破崙三世退位而在一八七〇年恢復共和制。此外，擁有軍事優勢的普魯士，統一了奧地利以外的德語圈大部分國家，並於一八七一年建立德意志帝國。

即使是採取寬鬆聯邦制的瑞士，當近在眼前的義大利王國、德意志帝國這些強大的統一國家建立後，也開始熱烈討論起國土防衛的相關議題，還出現一些政治家，主張除了每個邦之外，就連聯邦也應該設置常備軍，以便能迅速採取有效的軍事行動。

創立紅十字會

十九世紀下半葉，在歐洲各地持續戰亂下，經由瑞士人民的努力，誕生了國際紅十字會這樣一個人道救援組織，不分敵友進行傷者和俘虜的救護。

來自日內瓦的實業家和人道主義者亨利・杜南（Henri Dunant），一八五九年在義大利統一戰爭的激烈戰場索爾費里諾，目睹許多士兵死傷的模樣。後來杜南出版了《索爾費里諾回憶錄》（A Memory of Solferino），並提議創立一個救護戰場上傷員的組織，以及針對這個問題制定國際規則。

一八六三年，杜南和幾個人合作創立相當於現在紅十字國際委員會的組織。紅十字的象徵是白底加上紅十字，與瑞士國旗的顏色相反。一八六四年八月，在杜南等人的努力下，締結了《日內瓦公約》（紅十字條約），規定了戰場上傷員和俘虜的人道待遇。

紅十字會第一次進行的大規模活動，是在

當時的日本

江戶幕府第15代將軍德川慶喜，於1867年實行大政奉還後，將政權交還給朝廷。舊幕府採用了法國式的軍事制度，而明治政府初期也沿用這一制度，但在普法戰爭（法德戰爭）中由德國獲勝之後，便改為採用德國式的軍事制度。

一八七〇年至隔年的普法戰爭（法德戰爭）期間。

擴大鐵路網

瑞士在一八三〇年代，各地的實業家與幾個邦的政府曾經計畫要修建鐵路，但是也因為獨立聯盟戰爭的影響，後來遲遲未能實現。瑞士的第一條鐵路（蘇黎世和巴登之間）是在一八四七年八月才開通。距離約二十三公里，所需時間四十五分鐘左右，是一條短程路線。

一八五二年制定鐵路法，但是批准的權限不在聯邦政府而是各邦，軌道鋪設則委由民間企業。隔年，民營鐵路瑞士東北鐵路（NOB）成立。其經營者是實業家阿爾弗里特・愛舍（Alfred Escher）。愛舍屬於自由主義激進派，身為蘇黎世邦政府閣員和聯邦下議院議員，在政界具有很大的影響力。此外他還參與了蘇黎世理工學院的設立，並創辦了瑞士信貸集團。

除了瑞士東北部，中部和西部也相繼成立了鐵路公司，但是在各企業和各邦對立之下，軌道的鋪設與經營進展的並不順利。

一八七一年，由愛舍擔任負責人的戈特哈德鐵路公司成立，展開建設阿爾卑斯山縱貫鐵路的計畫。德國和義大利也對這條鐵路線寄予厚望。然而，這並不是單由民間企業就能承擔的重大工作。因此於一八七二年修改鐵路法。各邦的權限因此轉移給聯邦，使民營鐵路可能變成國有化。後來，連結烏里與提契諾全長約十五公里的聖哥達基線隧道即於一八八二年開通。

一八九八年經由公民投票決定創建聯邦鐵路，開始進行民營鐵路的收購。結果於一九〇二年，延續至今的瑞士聯邦鐵路（SBB）誕生了。隨後，連結瑞士瓦萊邦與義大利北部皮埃蒙特大區約二十公里的辛普朗隧道於一九〇六年開通。這些隧道工程使得阿爾卑斯山南北來往的交通突飛猛進地擴展。

修改聯邦憲法

瑞士在一八六〇年代，在自由主義激進派內部形成了「民主派」，他們批判部分具影響力的人（元老）一直在掌握政治實權，後來提出各邦政治改革的要求，尤其是公民投票及公民提案權的制度化等等。他們一直要求在聯邦層級也要擴大公民參與政治的機會，但是他們考量到，為了推動勞動基準法及社會立法、充實國家安全（國土防衛），應該擴大聯邦政府的權限。

因此民主派在一八七二年提出憲法修正案，目的是要實現「一法一軍」。然而，由於內容中含括了極端的中央集權化，所以在公民投票時遭到否決。當民主派制定的新法案有考慮到各邦的權限後，該法案在一八七四年的公民投票中獲得通過。

修改後的聯邦憲法擴大了直接民主的制度，導入過去沒有的「任意公民投票」。這種制度是就連國會已經批准的法律及決議的內容，只要收集到超過三萬名選舉人（自一九七七年開始須五萬人以上）的簽署，就可以成為公民投票的議題。此外在一八九一年，過去只有在全面修改憲法時才被允許的公民提案權（Initiative），甚至擴大到部分修改憲法（條件是要超過五萬名選舉人的簽署）。

修改憲法後，自由主義勢力的「文化鬥爭」還是繼續著。政教徹底分離，耶穌會遭人全面禁止活動。這項規定已經寫入聯邦憲法（第五十一條）。無論出生、結婚、死亡、埋葬等手續，都將從教會切割開來，改為只需向各邦政府機關申報即可。

另一方面，在瑞士取消對猶太人的歧視卻遲遲沒有進展。然而，也因為已開發國家法國等解放猶太人的壓力，一八七四年的聯邦憲法允許了猶太人也有禮拜

1870年代的政治制度

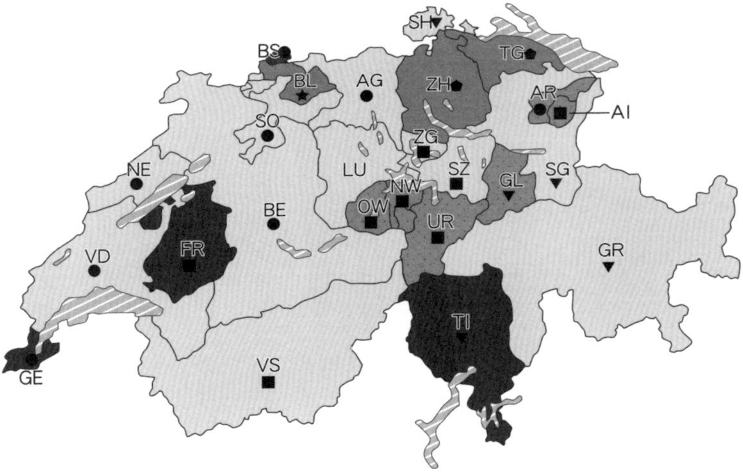

- 邦民大會（Landsgemeinde）制度（有公民投票和公民提案權）
- 純粹的代議制度（無公民投票和公民提案權）
- 改良後的代議制度（有公民投票）
- 新型態的直接民主（代議制、公民投票、公民提案權、閣員直接選舉的結合）
- ■ 天主教保守派占優勢的地區
- ● 自由主義激進派占優勢的地區
- ▼ 兩個以上的黨派參與政權的地區
- ⬟ 民主派占優勢的地區
- ★ 民主派具影響力的地區

的自由。因此，許多猶太人開始從德國和奧地利等國家移居瑞士，重新對他們感到敵意的瑞士人也愈來愈多。

一八七四年修改憲法後，軍事制度也發生了巨大變化。部隊的組成與過去一樣由各邦負責，但是現在的主體是聯邦，軍事相關法律的制定、軍備採購、軍事教育的權限也都在聯邦手上。從此以後瑞士的軍隊不再由「邦防衛隊」組成，而是成為了「聯邦軍隊」，並延續至今。在這段時期聯邦的立法權和司法權也進一步強化了。舉例來說，由六年任期的九名法官所組成的常設聯邦法庭便設置在洛桑。雖然在此之前聯邦法庭就已經存在了，但是並沒有常設。

誕生於瑞士的知名企業

自十九世紀下半葉開始，瑞士工業的發展突飛猛進。從工業革命初期階段便蓬勃發展的紡織業（棉織物、絲織物、亞麻織物等等）、鐘錶工業、機械工業（蒸汽機和水輪機的製造）之外，化學工業、製藥產業、食品加工業等也再次大幅成長。具體例子包括生產化學藥品及染料的嘉基（現在的諾華）、醫藥生產商羅氏、生產奶粉及即食湯等加工食品的雀巢和美極、電氣設備製造商博韋里（現在的ＡＢＢ集團）等等，誕生了許多企業，並逐漸成為國際知名公司。

隨著與外國的貿易和跨境金融交易的擴大，瑞士經濟也開始受到鄰近國家強烈影響。在這段期間，一八七三年奧地利維也納股市暴跌，不景氣蔓延到歐洲各國。因此瑞士經濟也短暫停滯。然而，瑞士經濟在一八九〇年代復甦，接著便進入快速成長的局面。

在產業蓬勃發展下，從外國來到瑞士的工人與日俱增。外國人口在一八三七年為百分之二點六，

當時的日本

1872年，從東京新橋到橫濱約29公里的區間，開通了日本第一條鐵路。不僅車輛是從英國進口的，同時亦由英國技師監督鋪設工程。而同一時期，在東京和大阪之間則開始推行郵政系統，現代的電信網路和交通網絡隨之不斷發展。

但是到了一九一〇年便來到百分之十四點七。

另一方面，也有一些人前往國外（尤其是美國）尋求工作和土地。因為在人口急劇增加，於十九世紀末超過三百萬人時，也有許多瑞士人對國內的生活失去了希望。

勞工運動愈演愈烈

包括瑞士在內的各國工廠和礦場都要求低工資和長時間工作，許多意外及健康損害問題頻傳。壓榨婦女和兒童也是一大問題。在這種情況下，批判企業家（資本家）犧牲工人以取得莫大財富的經濟現狀，要求國家與企業改善工作條件、縮小貧富差距、增進福利等等的社會主義思想，在國際上蔓延開來。

在歐洲各國的社會主義者及勞工運動領袖的集體合作下，於一八六四年在英國創立了國際工人協會（第一國際）。這場運動也擴展到瑞士，於日內瓦召開了第二次大會。在第一國際中，主張建立統一的政治組織與共享生產資料（土地、工廠、原料）的共產主義者馬克思（Marx），和提倡地方分權民眾自治的無政府主義者巴枯寧（Бакý нин）相持不下。雖然瑞士也有一些人贊同馬克思的思想，但是也因為小城鎮和村莊在傳統上一直維持自治，所以巴枯寧主要是受到小規模手工業者居多的侏羅所支持。

一八七七年，在瑞士經由公民投票通過工廠法，規定十一小時的勞動制度（每週六十五小時）、禁止未滿十四歲的兒童工作、禁止婦女及年輕人在夜間工作和周日工作等等。

也由於第一國際的影響，瑞士各地都組成了工會，這些工會於一八八〇年團結起來成立年「瑞士工會聯盟」。接著在一八八八年創立了「瑞士社會民主黨」。也有許多外國人加入了這些聯盟和政黨。一八九〇年社會民主黨首次在下議院（國民院）獲得席次。

對此，許多過去分成傳統自由主義派、激進派、民主派的自由主義者，於一八九四年結成了自由民主黨（激進民主黨）。同年，保守派也組成政黨。後來誕生「天主教人民黨」（一九一二年起改名保守人民黨），瑞士正式迎來政黨政治的時代。

大約在同一時期，也出現了一場要求女性參與政治的運動。在蘇黎世從一八八〇年代下半葉開始，一個名叫梅塔・馮・薩利斯（Meta von Salis）的記者便主張，女性也要課稅的話當然就要有選舉權。

此後，各種婦女團體聯手於一九〇〇年組成「瑞士女性協會聯盟」。接著在一九〇九年創立「婦女選舉權聯盟」。然而，這些團體的主張一直被人忽視。終於在一九七一年，瑞士才在聯邦層級批准了婦女選舉權。瑞士人在這方面實在是非常保守。

誕生於瑞士的文化人士

在十九世紀的瑞士，文化也大幅成長。在這個時代反映出「瑞士特色」的小說和繪畫受到了歡迎。因為瑞士需要一個文化依據，以對抗周邊使用相同語言的大國。

蘇黎世作家戈特弗里德・凱勒（Gottfried Keller），是瑞士德語圈代表性的文學家，因長篇小說《綠衣亨利》（Green Henry）而被稱作「瑞士的歌德（Goethe）」。同樣來自蘇黎世的約翰娜・施皮里（Johanna Spyri）是兒童文學《海蒂》（Heidi）的原作者，包括日本在內有許多國家都在閱讀這本書，並加以影像化。《海蒂》是一部具代表性的瑞士文學作品，生活在阿爾卑斯山大自然環繞下的山村人民，他們善良的內心令人印象深刻。

伯恩的艾伯特・安克爾（Albert Anker）被稱作「國民畫家」，例如他在《稻草堆上的男孩》等作品中描繪出瑞士農村的情景，完全就像海蒂的世界一樣。喬瓦尼・塞岡蒂尼（Giovanni Segantini）也時常描繪阿爾卑斯山的風景。他從義大利北部搬到格勞賓登的山區地帶，透過獨特的點畫技法留下了《阿爾卑斯山的正午》等名作。

巴塞爾的歷史學家雅各・布克哈特（Jacob Burckhardt），在他的主要著作《義大利文藝復興時代的文化》（Die Cultur der Renaissance in Italien）中強調了「個人」的解放，但是他自己卻是一個重視古老瑞士自治城市傳統的保守主義者。

根據日內瓦出身的語言學家斐迪南・德・索緒爾（Ferdinand de Saussure）所言，我們人類用「高山」與「平地」、「戰爭」與「和平」這些「語言」，明確地區分（細分化）這個世界，後來才建立了複雜的文明社會。索緒爾的語言學，為後來的學術帶來了巨大的影響。另一方面，他還發表了「語言沒有境界」的奇妙主張。據說其背後原因是，瑞士的語言狀況在多種語言和多種方言參雜之下，相互產生影響。

第一次世界大戰期間的聯盟關係

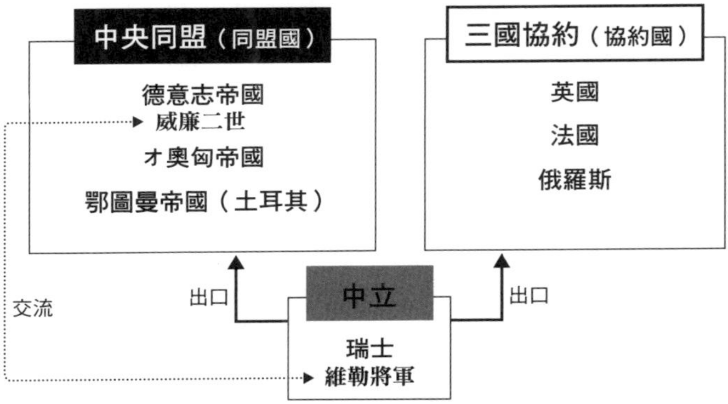

第一次世界大戰和中立國瑞士

十九世紀下半葉的世界，迎來了英國、法國、德國、義大利、俄羅斯等列強競相擴張領土和獲取殖民地的「帝國主義」時代。

進入二十世紀以後，列強建立起複雜的同盟關係。在中東及非洲和德國相爭的英國，與法國、俄羅斯締結《三國協約》，繼續向外發展。另一方面，德國則與在巴爾幹半島上和俄羅斯對立的奧匈帝國（土耳期）靠攏。這些國家的聯盟被稱為「中央同盟」。

一九一四年六月發生一起事件，一名塞爾維亞的年輕人在巴爾幹半島的城市塞拉耶佛，殺害了奧匈帝國的皇太子夫婦。奧地利方面為了報復而向塞爾維亞宣戰，結果支持塞爾維亞的俄羅斯與支持奧地利的德國參戰後引發連鎖反應，第一次世界大戰就此展開。與德國對立的法國和英國，不久後也加入戰爭。

瑞士是中立國家，不但沒有站在英法兩國的協約國（三國協約）這邊，也沒有站在德國（中央同盟）這邊。一九一四年八月，瑞士的聯邦內閣為了保衛邊界動員兩萬名士兵，議會選出蘇黎世的烏立克・維勒（Ulrich Wille）將軍為最高司令官。由於維勒將軍是和德國威廉二世（Wilhelm II）有來往的親德國派，因此受到法語圈居民強烈反對。的確在聯邦政府及軍方內部，也有一些具影響力的人

當時的日本

第一次世界大戰期間的日本屬於協約國，占領中國大陸青島的德國海軍基地後，同意讓中華民國政府接管德國曾經擁有的工商業及軍事方面的利益。此外，日本還取代歐洲國家，擴大工業產品的出口並藉此獲得了利潤。

贊同中央同盟。

另一方面，瑞士的產業界則充分利用中立的立場，向協約國（三國協約）和同盟國雙方出口農產品及工業產品後獲得大量利潤。然而，從戰爭中的各國進口減少，後來瑞士國內在燃料、衣物、食材等各個領域都出現物品短缺而導致物價飛漲（通貨膨脹）。工資水準下滑，失業人口也不斷增加了。因此各地示威運動、罷工事件頻傳。

世界大戰持續了很長時間，轟炸機、坦克、毒氣、潛水艇等新型武器也投入後死傷者激增，對歐洲人民帶來了極大的損傷。一九一七年三月（依當時在俄羅斯使用的儒略曆為二月），在俄羅斯對當時體制感到不滿的民眾引發二月革命，帝國政府垮台後成立臨時政府。

在瑞士則是社會民主黨一直批判聯邦政府的政策。當時俄羅斯的革命家列寧（Lenin）滯留在瑞士，對社會民主黨的領袖帶來了影響。列寧回國後，率領倡導工人奪取政權的布爾什維克，發起十月革命後推翻臨時政府，建立共產主義的蘇維埃政權。

在俄羅斯革命成功的影響下，包含瑞士在內的許多國家都發生了激烈的反政府運動。一九一八年十一月，德國因為海軍士兵的反叛而引發革命，皇帝退位後成立共和國。

大罷工與政黨政治

這一年在瑞士，各地的工會領袖以及社會民主黨方面的政治家齊聚在索洛圖恩的城市奧爾滕，組織了一個行動委員會（奧爾滕委員會）策畫大罷工（跨行業框架的拒絕工作）。

國民議會中主要政黨的席次（1919年）

政黨名稱	席次
自由民主黨（激進民主黨）	60
社會民主黨	41
保守人民黨	41
農工公民黨	30
其他	17
總數	189

奧爾滕委員會要求政府實施比例代表制（根據各政黨得票數決定當選者的制度）選舉、婦女選舉權、導入財產稅、由國家管理貿易、導入老年和身心障礙基礎年金、每週工作四十八小時等等。有二十五萬人參加了這次的大罷工。聯邦政府投入軍隊進行鎮壓。後來奧爾滕委員會結束罷工，但是領袖們都遭到逮捕。

第一次世界大戰結束時，俄羅斯的蘇維埃政府與德國簽署單獨講和的條約並離開戰線，德國也因為革命的影響而與協約國簽署停戰協定之下結束戰爭。奧匈帝國同樣在革命的混亂當中比德國早一步投降了。

此外，在這段時期流感（所謂的西班牙流感）於全世界大流行，在瑞士也有逾兩萬人死亡。

雖然瑞士的大罷工以失敗告終，但是在一九一九年工作時間縮短至四十九小時。而且，從同年十月的聯邦議會選舉開始導入了比例代表制。在這次選舉中自由民主黨（激進民主黨）的勢力大幅下滑，使得社會民主黨的席次倍增。

除此之外，在這次選舉中獲得大量席次的政黨還有以天主教地區為地盤的「保守人民黨」（後來的「基督教民主人民黨」，與現在的「中間黨」有關係的保守派）、以伯恩鄉村地區為中心的「農工公民黨」（與現在的「國民黨」有關係且以新教為中心的保守派）。這當中的自由民主黨、保守人民黨、農工公民黨為了對抗社會民主黨而聯合起來，不久後便開始共享閣員職位。

國際合作與排外主義

第一次世界大戰後，瑞士加深與西方國家的合作關係。在戰後召開的巴黎和會上，美國總統威爾遜（Wilson）提議設立國際聯盟，作為國家之間和平討論的場所。國際聯盟於一九二〇年正式成立，並將總部設在瑞士的日內瓦。而瑞士也在保守人民黨的總統朱塞佩・莫塔（Giuseppe Motta）領導下，加入了聯盟。

然而，在公民投票時贊成和反對加入聯盟的票數只有微幅差距。加入聯盟時，瑞士雖然得到允許可以不參與軍事制裁，但是必須加入經濟制裁。所以從過去「絕對中立」的立場，變成了所謂「限制中立」的狀態。

戰爭失敗後，奧匈帝國瓦解，捷克斯洛伐克、匈牙利、南斯拉夫等國家獨立，但是

當時奧地利西部的福拉爾貝格地區，卻希望成為一個新的邦歸屬於瑞士。然而，由於瑞士境內反對天主教德語圈擴大，所以後來並未實現。

另一方面，位於瑞士和奧地利之間的列支敦斯登侯國，在一九二一年以後，將關稅和貨幣制度調整成和瑞士一致，外交權和郵政業務也委託給瑞士，除了內政之外與瑞士實現了一體化。

當時，在瑞士敵視外國移民的趨勢愈來愈顯著。一九二〇年時，滯留在瑞士的外國人有四十萬人，占了人口的百分之十左右。在戰爭和革命的動亂時代，對於歐洲各國的人來說，瑞士是一個安全的居留地和移民目的地。聯邦政府雖然嚴格執行入境審查，但是這不只是對俄羅斯和東歐的難民充滿警戒心，也表現出歧視猶太人以及拒絕共產主義者入境的態度。

各戰線的春天

一九二九年十月美國紐約股市暴跌，其影響遍及全世界（經濟大蕭條）。瑞士的經濟也出現衰退，一九三〇年為百分之零點四的失業率逐漸攀升，在一九三六年達到百分之四點八。

儘管如此，瑞士還是能以中立國的身分和周邊各國自由進行貿易。除此之外，由於一九三四年銀行法載明的守祕義務，瑞士的銀行成為資金的安全存放場所，贏得世界各地企業家和有權有勢者的信任，使交易擴大。

隨著景氣的惡化，歐洲各國的政治也變得不穩定。尤其是在德國，呼籲打破以第一次世界大戰戰勝國為中心的國際秩序，主張排外主義和反猶太主義的納粹（國家社會主義德國工人黨）勢力增強，於一九三三年一月取得了政權。率領納粹政權的希特勒（Hitler），和法西斯主義（極權主義）國家義大利的首相墨索里尼（Mussolini）加強合作，墨索里尼和他一樣敵視共產主義和外國勢力，強調民族的團結。

這種影響力也延伸到瑞士，在德語圈出現「國民陣線」，在法語圈出現「國民聯盟」等法西斯主義團體，鼓吹反共產主義、排外主義、反猶太主義。這段時期，由於各種右翼的政治團體胡亂成立，所以被稱作「各戰線的春天」。

回歸「絕對中立」

當時在世界上，帝國主義的侵略接連不斷。一九三一年日本占領中華民國的滿洲（現在的中華人民共和國東北部）後於隔年建立滿洲國，一九三五年義大利入侵衣索比亞，一九三八年德國併吞奧地利。

國際聯盟強烈反對這些行動，瑞士夾在支持聯盟的法國與反對的義大利、德國、奧地利之間。為避免衝突，瑞士最終承認義大利侵衣索比亞與德國併吞奧地利，並於一九三八年恢復「絕對中立」，不再參與聯盟制裁。

此時德國、日本、義大利已經退出國際聯盟，聯盟實質上成為以英國和法國為中心的協約國組織。而且美國也沒有加入聯盟。另一方面，蘇聯於一九三四年加入，並且展現了自己的存在感。

瑞士雖然恢復絕對中立的原則，但國土並未因此變得安全。所以當時的總統約翰尼斯・鮑曼（Johannes Baumann），呼籲人民要做好保衛祖國的準備。國會裡各政黨的議員，也超越語言、教派、政黨的差異團結起來，疾呼要保衛祖國。此時在瑞士境內，語言群落的「多樣性」再次受到強調。

一九三八年，除了德語、法語、義大利語之外，羅曼什語也被人宣佈為官方語言之一。羅曼什語是格勞賓登的語言，類似於義大利語，當時有百分之一的人口在使用。

瑞士是納粹德國的支持者嗎？

納粹德國在一九三九年九月一日，入侵了波蘭。英國和法國為此向德國宣戰，第二次世界大戰

當時的日本

1939年，日本駐屯在滿洲的關東軍與蘇聯和蒙古的聯軍發生衝突，引發「諾門罕戰役」。兩軍都在這場戰爭中投入大量坦克，但是不久後便在歐洲展開第二次世界大戰時簽署停戰協定，事件在沒有人獲勝下結束了。

第二次世界大戰期間的歐洲

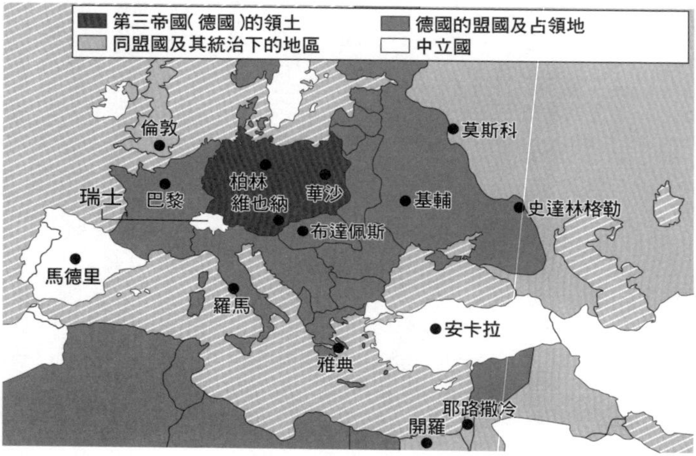

就此展開。

瑞士採取了國家總動員體制，派出四十三萬名士兵負責保衛國家。身先士卒的人，就是在一九三九年八月由聯邦議會選為總司令的亨利・吉桑（Henri Guisan）將軍。吉桑來自法語圈的沃邦，是一個對德國沒有好感的人，但是他並沒有忽略要考量到瑞士境內的德語圈這點，時常督促人民要團結。

一九四〇年吉桑與法國軍隊簽署祕密協議，要求他們加強萊茵方面的防禦，避免德國入侵瑞士，但是另一方面也顧及到德國，並向聯邦政府請求實施納粹要求的媒體管制。

同年六月，法國敗給德國後投降了。整個瑞士都備受衝擊，也有一些政治家認為只能協助以德國為核心的「軸心國」。另一方面，吉桑將軍官聚集到瑞士建國紀念地的呂特里草原（據說是十三世紀末三名農民代表宣誓結盟的地方），即便在德國軍隊占領下還是固守於堡壘中，傳達阻斷山區地帶的交通並徹底抗戰的計畫。

希特勒得知了瑞士和法國的祕密協議後，制定了入侵瑞士的計畫，名為「聖誕樹（冷杉）行動」，但是也因為與義大利

之間須經由瑞士進行鐵路運輸，最後並未實行。

在瑞士也有親德派，以民間醫療志工的身分看護德國受傷的士兵，還有人加入了外國人也可以參加的德國武裝親衛隊（SS）。此外，由於從民間企業出口武器不會被視為違反中立，因此與德國的貿易仍在繼續，會出口軍用品、精密機械、電氣設備等等。

而且，德國軍隊從比利時和荷蘭的中央銀行掠奪的部分金塊等，還委由瑞士銀行保管。也有一些企業與納粹的民族主義思想同調，參與迫害和驅逐猶太人。

世界大戰結束

戰爭期間的瑞士讓三十萬名難民居留，但是許多猶太人卻在邊界被拒絕入境。一九四二年八月，瑞士正式封鎖邊境，當時的司法警察官表示，「救生艇已經客滿了」。據說無法入境的猶太人超過兩萬人。

另一方面，還是有一群人以個人立場收容猶太人，或是協助猶太人經由瑞士逃亡國外。舉例來說，聖加侖的警官保羅・格魯寧格（Paul Grüninger）便製作入境許可證幫助了數百名猶太人。雖然他遭到懲罰而失去警察身分，不過還是有其他瑞士人在營救猶太人。外交官卡爾・盧茨（Carl Lutz）便在匈牙利為五萬名猶太人交付了移民證書。

一九四三年九月，由英國與美國的部隊所組成的聯軍攻入義大利後，軸心國隨即轉為劣勢。同盟國在一九四四年六月登陸法國，並於八月解放巴黎。一九四五年五月德國無條件投降，八月日本也投降了，第二次世界大戰終於結束。

戰後，納粹政權殺害數百萬名猶太人並奪取財產的事實受到揭發。戰爭期間協助過德國的瑞士政治家及商界人士遭到嚴厲譴責，後來其中的一些人便離開了公職。

祕密專欄

瑞士的現代藝術

跨越國界的交流

瑞士雖然是一個小國，但是與周邊國家交流下孕育出許多著名的藝術家。來自格勞賓登的雕塑家阿爾貝托・賈科梅蒂（Alberto Giacomett）就是其中一人。他在一九二〇年代前往巴黎留學，接受安托萬・布爾代勒（Antoine Bourdelle，雕塑家羅丹〔Rodin〕的弟子）的指導。他的風格獨特，以鐵絲般極端纖細的人物及動物的雕像而眾所周知。

出生於伯恩近郊的畫家保羅・克利（Paul Klee），主要在德國慕尼黑活動，留下了《新天使》、《故鄉》、《致霍夫曼的話》等畫作。線條畫風格的筆觸與鮮豔的色彩，對一九二〇年代以後西班牙的巴勃羅・畢卡索（Pablo Picasso）、法國的喬治・布拉克（Georges Braque）等代表性的前衛超現實主義（Surréalisme）帶來很

賈科梅蒂

克利

大的影響。

一九一〇年代，出現一種所謂達達主義的藝術，否定過去的藝術，追求實驗性且奇特的表現方式。其發源地就在蘇黎世。據說在第一次世界大戰期間，法國雕塑家讓・阿爾普（Jean Arp）、羅馬尼亞出身的詩人崔斯坦・查拉（Tristan Tzara）等各國藝術家都滯留在瑞士，聚集在蘇黎世的伏爾泰歌舞廳後開啟了達達主義。

前衛的藝術在今日的瑞士依舊蓬勃發展，巴塞爾每年六月都會舉行全世界最大型的當代藝術展，也就是巴塞爾藝術展，成為一個文化交流的場所，聚集約十萬名的藝術家、買家和收藏家。

耐人尋味的瑞士偉人⑤

現代主義建築的旗手

勒・柯比意

Le Corbusier

（1887～1965年）

還參與了日本美術館的設計

他出生於諾夏特邦拉紹德封，本名為查爾斯・愛德華・讓雷諾（Charles-Édouard Jeanneret）。從美術學校畢業後移居法國，自1920年代開始以畫家和建築師的身分工作。

他提倡合理且舒適的現代主義建築，主要在法國，並在故鄉瑞士、蘇聯、印度、巴西等許多國家設計集合住宅、教堂、公共設施等，以及參與都市計畫。2016年，他留下的17棟建築物被列入世界遺產名錄，包括瑞士學生會館、日內瓦湖畔的小房子、法國佩薩克的集合住宅、里昂近郊的拉圖雷特修道院等等。

位於東京都上野公園的國立西洋美術館，是依據以勒・柯比意的基本設計，由他的弟子前川國男、坂倉準三等人所完成的建築物，厚實的混凝土外牆和柱子、呈螺旋狀配置的展示廳最為特別。

chapter 6

瑞士的現在與未來

戰後的瑞士

第二次世界大戰後，由戰勝國（同盟國）主導的聯合國（UN），於一九四五年十月成立。在瑞士國內批評第二次世界大戰期間對於收容難民態度消極、民間企業參與了德國對猶太人的迫害、針對國際合作考量不周的聲浪也是不斷高漲。

自由民主黨的閣員馬克斯・珀蒂皮埃爾（Max Petitpierre，於一九五〇年就任聯邦總統）為此呼籲要兼顧中立和國際貢獻。他致力於全面修訂（一九四九年）有關戰俘待遇的《日內瓦公約》。然而，當

時瑞士並沒有加入聯合國。因為聯合國是由第二次世界大戰的戰勝國，為了維護全世界的安全而設立的合作組織，由於「聯合國部隊」也可能採取軍事上的強制措施，所以會和中立的立場形成矛盾。

另一方面，瑞士則藉由向戰爭受害者提供瑞士捐款（兩億瑞士法郎）、擴大收容難民、協助調解國際衝突、邀請聯合國歐洲總部和相關機構來日內瓦，為國際做出了貢獻。此外，瑞士為收購戰爭期間遭掠奪的金塊負起責任，於一九四六年向相關國家的中央銀行支付合計兩億五千萬瑞士法郎。

再者，聯合國擁有許多專門機構，瑞士透過成為這些機構的總部所在地，試圖為國際社會盡一己之力。自十九世紀便存在的萬國郵政聯盟（UPU），在第二次世界大戰後成為聯合國的專門機構，而總部一直都是設在伯恩。新設立的世界衛生組織（WHO）和聯合國難民事務高級專員辦事處（UNHCR），都將總部設在了日內瓦。

聯合國成立之後，全世界還是持續著以美國為中心的自由主義國家（西方國家），和以蘇聯為中心的共產主義國家（東方國家）之間的「冷戰」。特別是成為戰敗國的德國，被分裂成自由主義的西德（德意志聯邦共和國）和共產主義的東德（德意志民主共和國）。

一九四七年，瑞士聯邦憲法中加入了「經濟條款」，使專業協會的公共角色和支援農民的政策變得明確。同年，老年和遺屬年金保險法案也通過了公民投票。

第二次世界大戰後的世界，也絕非太平。一九四六年尋求獨立的越南和法國展開了戰爭（第一次印度支那戰爭）。一九五〇年在朝鮮半島上，爆發美國支持的大韓民國（韓國）和蘇聯支持的朝鮮民主主義人民共和國（北韓）之間的韓戰。

當時的日本

第二次世界大戰後，成為戰敗國的日本遭到美國占領，實施民主化政策，包括解除陸海軍的武裝、解散財閥、農地改革等等。在1946年舉行的第22屆眾議院議員大選中，首次賦予女性選舉權，誕生了39名的女性國會議員。

雖然瑞士並非聯合國一員，但是它一直從中立的立場發揮了調解這些紛爭與監督停戰的作用。

一九五六年，隸屬於共產主義國家的匈牙利試圖實行自由主義的改革時，蘇聯介入並鎮壓了改革（匈牙利革命）。當時瑞士一面警戒蘇聯的動向，一面接納了匈牙利難民。

神奇公式

第二次世界大戰期間，瑞士四大政黨為了因應危機而加強合作關係，將閣員送進了聯邦內閣。這種聯合的做法在戰後仍然持續。而且在戰後幾年內，維持著憲法允許聯邦政府在戰時等緊急狀態下採取專斷的政治做法，公民投票也一直是中止的狀態。然而，人民的不滿情緒逐漸高漲，一九四九年執行公民提案權，要求恢復直接民主的制度，投票結果是聯邦政府獲得了多數贊成票。於是，瑞士開始恢復民主主義的傳統。

國民議會中主要政黨的席次（1959年）

政黨名稱	席次
社會民主黨	51
自由民主黨	51
保守基督教社會人民黨	47
農工公民黨	23
無黨派聯盟	10
自由黨	5
民主黨	4
共產黨	3
其他	2
總數	196

從此以後，在一九五〇年代舉行多次公民投票，還是接二連三地遭到否決。舉例來說，政府提出的國防稅引進計畫和增加營業稅的提案，都被公民投票否決了。

當時，政黨的性質發生變化，相互對立的情形也和緩下來。社會民主黨雖然以社會主義為理想，但是並不像蘇聯那樣尋求國家主導的經濟政策，而是開始展現出對自由市場經濟的理解。反之，保守人民黨開始傾聽工人階級的訴求，改名為保守基督教社會人民黨（後來，從黨名移除「保守」，並將「社會」

改為「民主」。現在稱作「中間黨」)。

在這種情況下，一九五九年有四名閣員決定引退。在同年十二月，反映國民議會選舉的結果，從所有的四大政黨以席次比例選出閣員。詳細的閣員名單如下：社會民主黨兩名，自由民主黨兩名，保守基督教社會人民黨兩名，農工公民黨一名。這種「二、二、二、一」的閣員職位分配被稱為「神奇公式」，並在接下來的四十四年裡一直維持著。

有別於在日本等國家可以看到的聯合內閣，在瑞士組成內閣的政黨之間並沒有協議或共同的基本政策，閣員遵從各自所屬政黨所提倡的理念，同時專注於自己負責的職務。

戰後的經濟與學生運動

瑞士境內在第二次世界大戰時並沒有成為戰場，因此大部分的工業設備都毫髮無損。只不過，戰爭期間與瑞士有著深厚經濟關係的德國，在同盟國軍隊攻擊下被破壞後遭到占領。因此瑞士與德國之間的貿易驟減，瑞士的經濟一時之間陷入了停滯。

但是進入一九五〇年代後，在美國的援助下，西歐國家開始復興，瑞士的經濟也隨之復甦。除了支撐瑞士產業以鐘錶為主的精密機械工業及製藥產業之外，第三產業，尤其是金融業也開始大幅成長。另一方面，傳統的紡織業由於包含日本在內的亞洲國家擴大生產，所以逐漸衰退了。

法國及西德等西歐國家，於一九五七年結成歐洲經濟共同體（EEC）。這個共同體於一九六七年發展成EC（歐洲共同體）。

EC有部分原因是為了對抗東歐的共產主義國家才會組成，再加上它的共同規定與瑞士國內法律

當時的日本

1958年，匯集電視台廣播天線的電波塔，也就是東京鐵塔於東京都港區落成。總高度為333公尺。吸引了很多的觀光客。當時，黑白電視的普及率僅有10%左右，但是到了東京奧運那年（1964年）已經接近90%。

有很多地方不一致，最後瑞士並沒有加盟。然而，亞洲及美洲國家也有加入的ＯＥＣＤ（經濟合作暨發展組織）和ＧＡＴＴ（關稅暨貿易總協定），瑞士都有參加。

瑞士尋求中立和國際貢獻的兩全，但是在冷戰期間也曾討論過核武，研究一直在進行當中。一九六四年發生了「幻影事件」，軍方試圖超出預算限制購買一百架可攜帶核彈頭的戰鬥機。最終瑞士放棄了核武，於一九六九年簽署了ＮＰＴ（《核武禁擴條約》）。

在東南亞，於一九六〇年代在共產主義的北越（越南民主共和國）和自由主義的南越（越南共和國）之間爆發越戰，美國積極支持南越。然而，除

了美國之外，就連在西歐國家及日本，以學生為中心的反戰運動和反文化運動也開始蔓延開來。

法國在一九六八年爆發大規模的學生運動（五月風暴）時，瑞士的年輕人受此影響下，興起各種行動。在日內瓦和蘇黎世，展開了大學民主運動、反越戰運動及反核運動等等。

瑞士政府於一九六九年製作《民防》小本子，希望大家為共產主義國家的入侵做好準備，並分發給人民，卻激起厭惡總動員時代軍國主義價值觀的年輕人反感。此後年輕人的抗議活動依舊持續著，拒絕服兵役的人愈來愈多，還展開了反對全民徵兵的公民提案權運動。

女性選舉權

二十世紀歐洲國家婦女社會參與的速度加快，婦女逐漸獲得了選舉權。然而在瑞士，即便到了一九五九年婦女選舉權法案還是在公民投票中遭到了否決。在邦的層級方面，沃邦、諾夏特、日內瓦、巴塞爾城市邦在一九六〇年代賦予了婦女選舉權，但是在鄉村地區仍然繼續遭到反對。政黨方面是社會民主黨表示贊成，農工公民黨表示反對，而自由民主黨和基督教民主人民黨（前保守基督教社會人民黨）則是意見分歧。

一九七一年，聯邦政府試圖有條件地簽署《歐洲人權公約》，不允許歧視婦女。在人民之間的反歧視運動也是愈來愈激烈，最終透過公民投票在聯邦層級下通過了婦女選舉權。

後來，於一九八一年在聯邦憲法中加入性別平等條款，一九八四年隸屬於自由民主黨的伊麗莎白・科普（Elisabeth Kopp）成為聯邦政府第

一位的女性閣員。一九八五年，在婚姻法中取消了性別歧視。

然而，有些地區還是繼續否決婦女選舉權，在外阿彭策爾邦直到一九八九年，在內阿彭策爾邦則是到了一九九一年，才終於通過了婦女選舉權。此外，在內阿彭策爾邦保留了邦民大會的古老傳統，因為這原本就是一個由擔任軍事職務的家主們佩劍集會的活動，所以女性的參與是意想不到的事。

新邦的誕生

在伯恩邦，直到瑞士革命時期為止都是由巴塞爾主教統治的侏羅北部地區，這群天主教法語圈的居民持續感到不滿。一九七〇年代舉行了多次公民投票，決定由北部三個邦創立一個新的邦，保留伯恩在南部三個邦，將東部一個邦變更成巴塞爾鄉村邦所有的政策。一九七六年，在後來成為侏羅邦首府的德萊蒙舉行示威遊行，要求早日實現「獨立」。後來經過一九七八年九月的公民投票，侏羅邦於隔年一月正式成為第二十三個邦（一般來說包含半邦之後為第二十六個邦）。

現在的26個邦

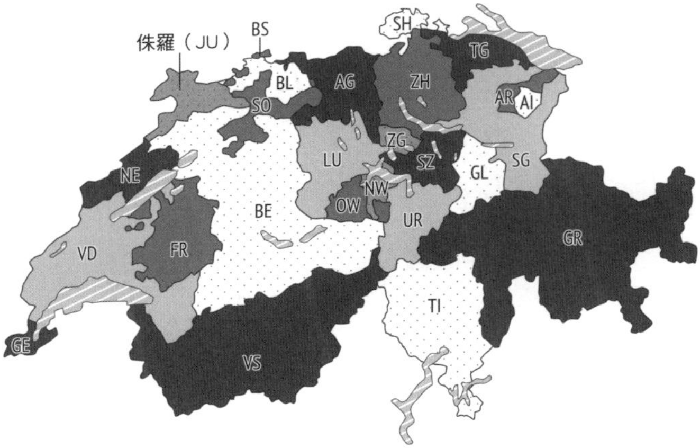

一九八〇年代以後，好幾項公民提案都在公民投票後獲得通過了。舉例來說，在一九八六年四月蘇聯發生的切爾諾貝爾（車諾比）核事故的影響下，於一九九〇年通過十年內停止興建新的核電廠。

透過一九九二年的公民投票，允許人民可依據宗教信仰（良心）選擇不服兵役，以從事社會服務活動來代替。

一九九四年，考量到環境保護和居民健康，通過了一項法案，限制經過阿爾卑斯山的卡車通行量。

此外在瑞士，從一九七〇年代開始

反對外國人（移民、難民、暫時居留的工人）增加的人愈來愈多，排外主義的運動也蔓延開來。一九九四年進行修法，讓難民申請被退回的外國人驅逐出境。

然而同年，因為簽署聯合國《消除一切形式種族歧視國際公約》的關係，舉行公民投票在刑法中追加禁止種族歧視條款，並獲得通過。因此瑞士禁止肯定種族或宗教歧視的言論，向國內外展現出尊重人權的態度。

一九九九年，經公民投票後全面修正聯邦憲法，強化了尊重環境、人權、國際法等要素。此外在同年，隸屬於社會民主黨的露特・德賴富斯（Ruth Dreifuss）成為第一位女性總統。

在保持中立下轉換政策

在蘇聯和東歐共產主義國家，民主化運動於一九八〇年代末急速擴大。分裂成東德和西德的德國於一九九〇年再次統一，一九九一年蘇聯的共產黨政權瓦解，持續很長一段時間的冷戰就此結束。

各地區公民投票加入EEA的支持率

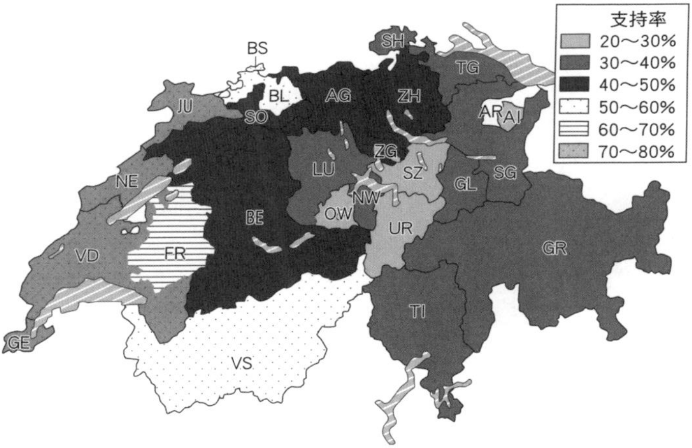

隨著冷戰結束後國際合作不斷進展下，瑞士受此影響也逐漸改變過去的中立政策。一九九〇年伊拉克入侵科威特時，聯合國安全理事會決議實施經濟制裁，停止與伊拉克進行貿易並凍結資產，而且就連沒有加入聯合國的瑞士，也效法其他國家參與了經濟制裁。

一九九二年，瑞士加入ＩＭＦ（國際貨幣基金組織）和世界銀行。然而，經公民投票後否決加入同年創立的ＥＥＡ（歐洲經濟區）。當時在法語圈是多數人都表示贊成，他們認為只要加入ＥＥＡ就能得到更廣大的經濟利益。

可是德語圈的居民，對於瑞士產業將受到經濟力強大的德國所控制而感到警戒，許多義大利語圈的居民也因為主要商業夥伴的義大利經濟不穩定而提出了反對。此外，瑞士雖然已經加入類似ＥＣ這種共同政策及規定較少的ＥＦＴＡ（歐洲自由貿易聯盟），但是ＥＥＡ本來就是以參與ＥＣ的單一市場為先決條件，所以很多瑞士人並不支持。

ＥＣ成員國在一九九二年簽署《馬斯垂克條約》，同意推動政治整合並組成ＥＵ（歐盟）。聯邦政府也準備申請加入歐盟，但是經公民投票後遭到否決，自一九九九年起與ＥＵ締結雙邊協議。這是一種在可以意見一致的領域進行相互開放的方式，包括取消工業產品的關稅、人民跨境自由移動、科技研發、環境保護、警務上的合作等等，在種種領域達成了協議。

瑞士在一九九〇年以後，也十分積極協助ＰＫＯ（聯合國維和行動），並開始派遣非武裝的停戰監督組織前往世界各地的衝突地區。針對這點是否能兼顧瑞士的傳統中立主義，在人民之間出現了贊成與反對的意見，但是經由二〇〇一年

國民議會中主要政黨的席次（2003年）

政黨名稱	席次
國民黨	55
社會民主黨	52
自由民主黨	36
基督教民主人民黨	28
綠黨	13
自由黨	4
共產黨	3
其他	9
總數	200

的公民投票，同意維和部隊的士兵攜帶自衛用的武器。

隨著與EU成員國的各種協議、參與PKO等種種舉動，瑞士與國際社會的關係變得緊密。二〇〇二年，透過公民投票決定通過加入聯合國的提案，瑞士成為第一九〇個會員國。

此外，在二〇〇三年十月的選舉中由國民黨（前農工公民黨）成為第一大黨，從此以後的閣員職位分配方式變成流動性。於是自一九五九〇延續下來的「神奇公式」體制便迎來了終點。

承認大戰期間的過錯

世界猶太人大會在一九九五年，要求瑞士銀行解釋戰爭期間的金塊問題和猶太人休眠帳號問題。強力要求瑞士政府調查戰爭期間猶太人的待遇和財產的處置。聯邦政府於一九九六年，設置了一個以歷史學家吉恩—弗朗索瓦・貝吉爾（Jean-François Bergier）為核心的獨立專家委員會（貝吉爾委員會）。

後來提起一場集體訴訟，為戰爭中犧牲的猶太人尋求補償，當時瑞士三大銀行UBS、SBC、瑞士信貸集團，於一九九八年向要求返還資產的原告集團支付了十二億五千萬美元後達成和解。

貝吉爾委員會在二〇〇二年完成報告書，公開戰爭期間瑞士對猶太人的迫害、協助納粹的事實。

在報告書當中，釐清了戰爭期間瑞士政府拒絕許多逃離納粹德國的猶太人入境的事實、瑞士聯邦鐵路協助德國軍事運輸的事實、雀巢和羅氏等瑞士企業的德國分公司遵循納粹政權的政策、強迫強制收容所的囚犯在惡劣環境下工作的事實等等。

話說回來，瑞士的銀行在戰後也經常遭人濫用，獨裁國家和犯罪組織會用來隱匿財產，不然就是企業會用來逃稅。因此，進入二〇一〇年代後，例如當懷疑帳戶被非法利用時就會配合公開資訊，銀行不再有絕對保密義務。但是在銀行法中還是嚴格禁止胡亂地洩漏資訊。

經濟發展與外國人問題

在歐洲共產主義國家瓦解及隨後爆發的前南斯拉夫內戰這些背景下，瑞士接收了大量來自東歐的移民和難民。此後，從其他地區想到瑞士工作的工人，還有為了逃離戰爭、政治迫害、飢餓等因素的難民不斷增加。因此，瑞士人和外國人的衝突逐漸檯面化。二〇〇四年經由公民投票，否決簡化外國人歸化申請的法案。二〇一〇年，在公民投票後通過將犯有重罪的外國人驅逐的公民提案。

雖然瑞士是一個人口只有八九〇萬人（截至二〇二三年）的小國，但是它的經濟實力和國際影響力卻是舉足輕重。二〇二三年的名目GDP為人均十萬二八八六美元，僅次於盧森堡和愛爾蘭，在世界上名列前茅。

長期以來瑞士的金融業一直蓬勃發展，會使用德語、法語、義大利語等多種語言，英語也容易溝通，營利事業所得稅又低，所以有許多外國企業進駐。而且瑞士從一九八四年開始加入IMF主要成員國的財務部長和中央銀行總裁齊聚的G10，與美國和日本一起針對國際貨幣體系和全球經濟的問題交換意見。

製藥公司諾華、食品製造商雀巢和手錶生產商勞力士的出口也十分強勁。一直在支撐這些公司生產現場的，都是許多的外國工人。在二〇二三年的階段，外國人占瑞士人口比例達百分之二十六。在這當中有百分之三十左右的人來自亞洲及非洲，但是最近需要高級技能和資格的人才（尤其是來自西方國家），且人數有增加的傾向。

新時代的瑞士

瑞士現在依舊重複著經由公民投票導入及修改新制度。二〇一七年五月，公民投票後通過禁止興建新的核電廠，並推動風力、太陽能、水力等再生能源的法律，在二〇五〇年前實現無核化的計畫一直在進行當中。但是預計EV（電動車）的普及將導致電力需求大增，也有一些議員在議會中主張應推遲核電廠的退役。一九八三年成立全國組織並持續伸展勢力的「綠黨」，提案在二〇三〇年代之前實現無核化，但是多數人民並不支持。

二〇二一年九月，瑞士人民經由公民投票同意同性婚姻合法化。針對這個問題，瑞士在歐洲國家當中一直落後於人，但是相較於實現婦女選舉權的時間，可說是發生了急速的變化。

瑞士在二〇二〇年二月開始新型冠狀病毒（COVID-19）大流行，聯邦政府為了防止感染擴大，限制了個人行動與商業設施的營業時間，但是人民強烈反

NATO成員國（截至2024年）

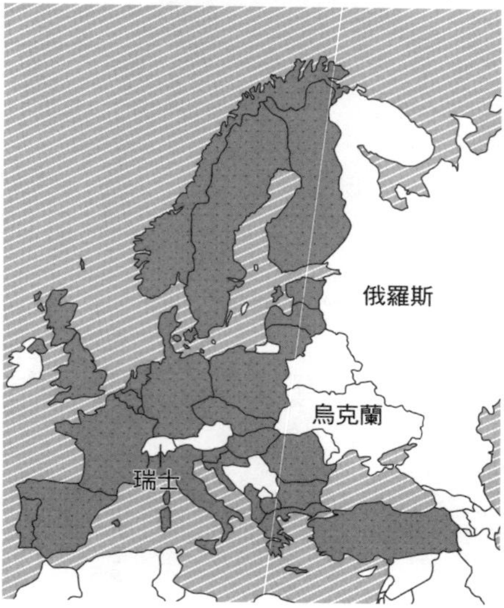

對，還展開了公民提案權運動要求政府撤銷政策。然而，在感染情況沒有改善的階段並無法得到多數人的支持。

瑞士通常每三個月會舉行一次某種形式的公民投票，但是在感染持續擴大的期間，公民投票比平常少了。不過在二〇二三年開始積極進行提案，通過了將溫室氣體排放量於二〇五〇年前減少至實際為零的法案等等。

二〇二二年二月開始的烏克蘭戰爭（俄羅斯全面入侵烏克蘭），成為一個重新詢問瑞士能為實現國際和平做些什麼的機會。國際上對於俄羅斯的譴責聲浪日漸高漲，瑞士也與歐盟國家一起對俄羅斯實施了經濟制裁。

此外，還考慮向支持烏克蘭的ＮＡＴＯ（北大西洋公約組織）出口武器的計畫。然而，有人批評說如果瑞士武器經由ＮＡＴＯ成員國提供給烏克蘭的話，就會變成戰爭中的當事人一方，並不是進行出口。此外在議會上還否決一項政府特別批准的提案，也就是將他國已經擁有的瑞士製武器移交烏克蘭。

瑞士的政府和人民，再次面臨傳統中立主義與歐洲國家友好關係兩全的問題。同時，也被迫意識到可能重蹈過去對納粹德國的入侵及猶太人大屠殺時，沒有提出反對意見的過錯。

瑞士自中世紀建國時代以來，一直透過與強大外部勢力的戰略和維持外交的平衡來保持獨立。這些努力至今仍繼續著。國際衝突、中立主義、地球環境、能源、外國人就業與生活等艱難的課題數之不盡。但是瑞士人民今後也將竭盡智慧，善用直接民主的制度反覆討論，朝著更好的解決方案不斷前進。

祕密專欄

瑞士的體育運動

除了滑雪以外的比賽也十分盛行的雪國

在阿爾卑斯雪山遍布的瑞士，自古以來就十分盛行滑雪。在奧運的高山滑雪比賽中，直到二〇二二年為止共獲得六十六面獎牌（二十二面金牌），獎牌數量僅次於奧地利，位居世界第二。在自由式比賽中獲得八面獎牌（四面金牌），位居世界第三，跳台比賽獲得五面獎牌（四面金牌），位居世界第七，成績亮眼。

活躍於一九八〇年代的高山滑雪選手皮爾明・楚爾布里根（Pirmin Zurbriggen）（來自瓦萊邦），在卡加利冬奧（1988年）中贏得金牌，在世界大賽中也獲勝了四次。

瑞士自十九世紀末起，為促進兒童健康與發育積極推廣體操。自一八九六年現代奧運始，瑞士即為男子體操強國，累計獲得四十八面獎牌（十六金），獎牌數量

費德勒

楚爾布里根

名列世界第五。此外，亦培育出眾多馬術、射擊、自行車與划艇等頂尖選手。

來自巴塞爾的網球選手羅傑・費德勒（Roger Federer），是瑞士第一位達成美國網球公開賽、法國網球公開賽、澳洲網球公開賽、溫布頓網球公開賽這四大比賽完全稱霸（大滿貫）的瑞士選手。

瑞士有一種獨特的運動，就是名為瑞士角力（Schwingen）的武術。它起源於阿爾卑斯山農民的力量競技，穿著短褲，在撒上鋸末的圓環中比賽，將對手擊倒在地。傳統上優勝者會得到一頭活生生的公牛。

雖然沒有職業聯賽，但是每三年會舉行一次全國大賽，吸引多達二十萬名的觀眾。

⑨		巴塞爾城市邦	BS
⑩		巴塞爾鄉村邦	BL
⑪		阿爾高邦	AG
⑫		琉森邦	LU
⑬		上瓦爾登邦	OW
⑭		下瓦爾登邦	NW
⑮		沙夫豪森邦	SH
⑯		蘇黎世邦	ZH
⑰		楚格邦	ZG
⑱		施維茨邦	SZ
⑲		烏里邦	UR
⑳		提契諾邦	TI
㉑		圖爾高邦	TG
㉒		外阿彭策爾邦	AR
㉓		內阿彭策爾邦	AI
㉔		聖加侖邦	SG
㉕		格拉魯斯邦	GL
㉖		格勞賓登邦	GR

現在瑞士的 26 個邦

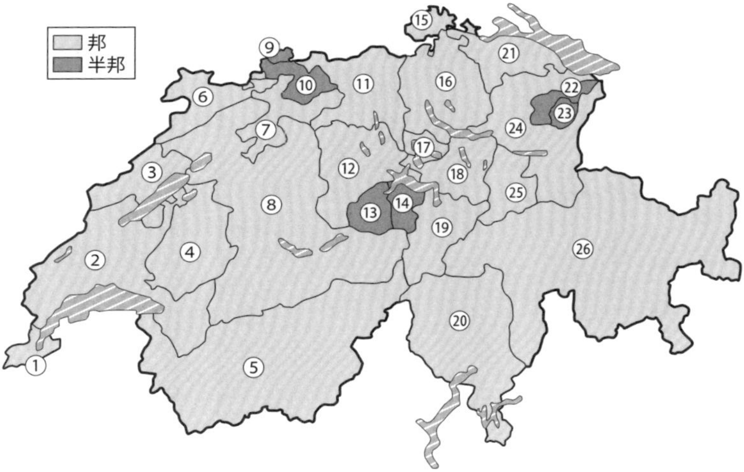

①		日內瓦邦	GE	⑤		瓦萊邦	VS
②		沃邦	VD	⑥		侏羅邦	JU
③		諾夏特邦	NE	⑦		索洛圖恩邦	SO
④		弗里堡邦	FR	⑧		伯恩邦	BE

瑞士的歷史 年表

這份年表是以本書提及的瑞士歷史為中心編寫而成。

配合下半段的「世界與日本歷史大事紀」，可以更深入理解。

年代	瑞士大事紀	世界與日本大事紀
〈西元前〉		
107	赫爾維蒂人擊敗羅馬軍隊	世界 傳說中的羅馬建國（753）
58	凱撒征服赫爾維蒂人	世界 羅馬帝國成立（27）
〈西元〉		
260	瑞士成為日耳曼人和羅馬人交戰的舞台	世界 埃德薩之戰（260）
401	羅馬軍隊完全撤出瑞士	世界 日耳曼人開始大遷徙（375）
476	西羅馬帝國滅亡	世界 倭王武向宋朝上表（478）
534	法蘭克王國併入勃根地王國	世界 笈多王朝滅亡（550）
870	依據《梅爾森條約》分割法蘭克王國	世界 基輔羅斯成立（約882）
1033	整個瑞士都在神聖羅馬帝國的控制之下	世界 李朝（越南）成立（1009）

約1200	聖哥達山口道路開通	世界 克萊芒會議（1095）
1291	創始三邦（烏里、施維茨、翁特瓦爾登）結成永久同盟	日本 弘安之戰（1281）
1309	創始三邦全歸帝國直接管轄	世界 亞維儂之囚（1309～1377）
1332	琉森加入創始三邦（四森林邦）	世界 鼠疫大流行（1348）
1353	八邦同盟時代開始	世界 札克雷暴動（1358）
1386	森帕赫戰役	世界 雅蓋隆王朝成立（1386）
1436	舊蘇黎世戰爭（～1450）	日本 應仁之亂（1467～1477）
1481	《施坦斯協定》成立	世界 西班牙王國成立（1479）
1499	施瓦本戰爭	世界 《托德西利亞斯條約》（1494）
1516	瑞士各邦與法國締結《永久和平條約》	世界 馬木路克蘇丹國滅亡（1517）
1519	慈運理成為蘇黎世祭司	世界 蘇萊曼一世即位（1520）
1521	瑞士各邦與法國結成傭兵契約同盟	世界 阿茲特克帝國滅亡（1521）
1570	在瑞士正式展開反宗教改革	世界 勒班陀戰役（1571）
1648	《西發里亞和約》承認瑞士「分離」	日本 寬永大饑荒（1641～1642）
1653	「農民同盟」引發叛亂	世界 清教徒革命（1642～1649）

年代	瑞士大事紀	世界與日本大事紀
1685	廢止《南特詔書》導致流亡至瑞士的人數增加	日本《生類憐憫令》(1685)
1738	在日內瓦恢復公民大會	世界 乾隆皇帝即位(1735)
1761	赫爾維蒂協會成立	日本 田沼意次就任江戶幕府老中(1772)
1798	赫爾維蒂共和國成立	世界 發現羅塞塔石碑(1799)
1803	瑞士重組成十九個邦(小復辟)	世界 特拉法加海戰(1805)
1815	瑞士永久中立得到國際承認(大復辟)	世界 拿破崙的百日王朝(1815)
1830	「自由主義重生」運動在瑞士蔓延	世界 法國七月革命(1830)
1847	獨立聯盟戰爭	世界 多明尼加共和國獨立(1844)
1847	瑞士第一條鐵路開通	世界 淘金潮開始(1848)
1848	制定聯邦憲法	世界 法國二月革命(1848)
1874	全面修改聯邦憲法	日本 廢藩置縣(1871)
1914	第一次世界大戰(~1918)	世界 德國十一月革命(1918)
1918	大罷工	世界 五四運動(1919)
1920	加入國際聯盟，變成「限制中立」狀態	世界 蘇聯成立(1922)

1938	回歸「絕對中立」	日本 二二六事件（1936）
1939	第二次世界大戰（~1945）	日本 在廣島和長崎投下原子彈（1945）
1959	聯邦內閣維持「神奇公式」	世界 《華沙公約》（1955）
1968	學生運動蔓延	世界 人類首次登陸月球（1969）
1971	在聯邦層級授予婦女選舉權	日本 大阪萬博（1970）
1979	侏羅邦誕生	世界 蘇聯入侵阿富汗（1979）
1981	聯邦憲法中追加性別平等條款	世界 車諾比核災（1986）
1992	加入IMF（國際貨幣基金組織）和世界銀行	世界 蘇聯解體（1991）
1999	與EU（歐盟）締結雙邊協議	日本 阪神大地震（1995）
2002	由貝吉爾委員會完成報告書	世界 九一一襲擊事件（2001）
2002	經公民投票通過加入聯合國	日本 第一次日本與朝鮮的首腦會談（2002）
2003	「神奇公式」崩潰	世界 雅典奧運（2004）
2015	修正銀行法以強化防止資訊外洩的措施	日本 東日本大震災（2011）
2017	透過法律禁止新建核電廠	世界 英國正式脫離EU（2020）
2021	同性婚姻合法化（2022年實施）	世界 新型冠狀病毒大流行（2020~）

参考文獻

『図説　スイスの歴史』踊共二（河出書房新社）

『スイスの歴史ガイド』グレゴワール・ナッペイ著、藤野成爾訳（春風社）

『新版　世界各国史14　スイス・ベネルクス史』森田安一編（山川出版社）

『スイスを知るための60章』スイス文学研究会編（明石書店）

『物語スイスの歴史』森田安一（中公新書）

『スイスの歴史』U・イム・ホーフ、森田安一監訳（刀水書房）

『スイスの歴史と文化』森田安一編（刀水書房）

『スイス史研究の新地平　都市・農村・国家』踊共二、岩井隆夫編（昭和堂）

『ヨーロッパ読本　スイス』森田安一、踊共二編（河出書房新社）

『刀水歴史全書　スイスの歴史百話』森田安一監（刀水書房）

『中立国スイスとナチズム　第二次大戦と歴史認識』黒澤隆文監訳（京都大学学術出版会）

『観光大国スイスの誕生』河村英和（平凡社）

『スイス観光業の近現代　大衆化をめぐる葛藤』森本慶太（関西大学出版部）

『未知との遭遇　スイスと日本　16世紀～1914年』ロジャー・モッティーニ著、森田安一訳（彩流社）

『日本とスイスの交流　幕末から明治へ』森田安一編（山川出版社）

『もう一つのスイス史　独語圏・仏語圏の間の深い溝』クリストフ・ビュヒ著、片山淳子訳（刀水書房）

『駐日スイス公使が見た第二次世界大戦　カミーユ・ゴルジェの日記』カミーユ・ゴルジェ著、鈴木光子訳（大阪大学出版会）

『スイス人よ、中立であれ　絵画と写真で読む「私たちスイスの立場」』カール・シュピッテラー著、大串紀代子訳・解説（明石書店）

［監修］

踊共二

1960年出生於福岡縣。武藏大學博雅教育與科學教育中心教授。博士（早稻田大學文學）。專攻中世紀和近代歐洲史。主要的個人著作包括《改宗と亡命の社会史　近世スイスにおける国家・共同体・個人》（創文社），編輯作品包括《アルプス文化史　越境・交流・生成》（昭和堂）、《ヨーロッパ読本　スイス》（河出書房新社）、《スイス史研究の新地平　都市・農村・国家》（昭和堂）等書。

編集・構成／造事務所
設計／井上祥邦（yockdesign）
文字／佐藤賢二、尾登雄平
插畫／ suwakaho
照片／写真 AC

ISSATSU DE WAKARU SWITZERLAND SHI
© 2024 TOMOJI ODORI, ZOU JIMUSHO
Illustration by suwakaho
All rights reserved.
Originally published in Japan by KAWADE SHOBO SHINSHA Ltd. Publishers,
Chinese (in complex character only) translation rights arranged with
KAWADE SHOBO SHINSHA Ltd. Publishers, through CREEK & RIVER Co., Ltd.

極簡瑞士史

出　　版／楓樹林出版事業有限公司
地　　址／新北市板橋區信義路163巷3號10樓
郵 政 劃 撥／19907596　楓書坊文化出版社
網　　址／www.maplebook.com.tw
電　　話／02-2957-6096
傳　　真／02-2957-6435
監　　修／踊共二
翻　　譯／蔡麗蓉
責 任 編 輯／黃穫容
內 文 排 版／楊亞容
港 澳 經 銷／泛華發行代理有限公司
定　　價／350元
出 版 日 期／2025年6月

國家圖書館出版品預行編目資料

極簡瑞士史 / 踊共二監修；蔡麗蓉譯. -- 初版. -- 新北市：楓樹林出版事業有限公司, 2025.06 面；　公分

ISBN 978-626-7729-04-5（平裝）

1. 瑞士史

744.81　　114005604